Un an plein d'histoires !

365 HISTOIRES

www.editionslito.com

ISBN 978-2-244-41964-0

Lito
41, rue de Verdun 94500 Champigny-sur-Marne
Imprimé en UE
Loi n° 49-956 du 16 juillet 1949 sur les publications destinées à la jeunesse
Dépôt légal : septembre 2009

Un an plein d'histoires !

365 HISTOIRES

Éditions Lito

365 HISTOIRES

365 histoires, 12 mois, 4 saisons, 1 histoire par jour !

Et plein de **petits héros** à découvrir **tout au long de l'année**, à retrouver au fil des pages, **à aimer** : Titounail l'épouvantail, Réglisse le ouistiti gourmand, Mariboulette et Tourlourou qui font des bêtises, Cerise la petite fille et Chocolat son doudou...

Cerise et Chocolat

Cerise est une petite fille et Chocolat, son inséparable doudou. Entre papa et maman, papy et mamie, Cerise découvre la vie avec humour et espièglerie !

Mariboulette et Tourlourou

Mariboulette et Tourlourou sont frère et sœur. Ils s'adorent souvent, se disputent parfois, mais ce qu'ils préfèrent, c'est faire des bêtises !

L'ourson Caramel

Caramel est un ourson gourmand, ronchon, curieux.
Il a plein d'amis et même une amoureuse : la gentille Myrtille.

Quand je serai grand...

« Qu'est-ce que tu veux faire comme métier ? » Dans la cour de l'école, chacun a son idée : pompier, jongleur, cuisinière, marchand de glaces, maître d'école, parfumeur, magicien...

Comptines d'amoureux

Des petits mots tendres et malicieux, des comptines à fredonner et des poèmes à murmurer à l'oreille de son amoureux !

Dis papy, pourquoi ?

Wendy est une petite fille qui se pose beaucoup de questions : pourquoi les étoiles s'allument le soir ? Pourquoi les araignées tricotent comme mamie ?... Heureusement, son papy est là pour tout lui expliquer !

Titounail l'épouvantail

Printemps, été, automne, hiver. Saison après saison, Titounail l'épouvantail regarde le monde depuis son champ. Il voit avec bonheur la nature et les animaux évoluer jour après jour.

Les délices de Réglisse

Réglisse est un ouistiti apprenti cuisinier. Un loustic malin comme un singe, qui régale tous ses copains avec de bons petits plats, et son amoureuse avec... ? Des pommes d'amour !

La famille Zinzin

Dans la famille Zinzin, il y a papa, maman et leurs... 6 enfants : Agathe, les jumeaux Barnabé et Célestine, les autres jumeaux Diane et Étienne, et Félix le petit dernier... ah et aussi Griotte, le cochon d'Inde !

Camille et Timinou

Camille est une petite fille. Timinou est le chat de Camille. Ensemble, ils explorent le monde et vivent des aventures étranges. Des histoires qui font un peu peur, mais pas trop quand même !

Contes classiques

Des contes classiques de notre enfance, à découvrir au fil des saisons, avec des princesses, des chevaliers, des dragons, des méchantes sorcières, des fées, des lutins et de la magie !

Eliot et Margaux

Un frère et une sœur qui croquent la vie à pleines dents.
Avec Eliot et Margaux, le train-train du quotidien se transforme, avec un peu d'imagination et de curiosité, en un train pour l'Aventure !

Vive les histoires et... Bonne année !

1
Jour de l'an
JANVIER

Cerise et Chocolat

C'est le premier jour de l'année. Cerise et Chocolat ont décidé de prendre de bonnes résolutions. Cerise dit :
– Moi, cette année, je mangerai beaucoup de chocolat !
Et croc ! Elle fait semblant de croquer l'oreille de Chocolat, son gros nounours.
Chocolat fait un peu la tête, alors Cerise lui dit :
– Ne boude pas ! C'était une blague ! Cette année, on va faire tous les jours la fête.
En avant les galipettes ! Et Cerise s'élance sur les beaux coussins du canapé.
Maman proteste :
– En voilà une mauvaise idée ! Moi, cette année, j'aimerais avoir une petite fille sage comme une image...
Cerise reste sans bouger, une, deux, trois secondes, mais bientôt elle s'ennuie et s'écrie :
– Ne pas bouger pendant une année, c'est vraiment trop long !
Elle court dans sa chambre et revient avec sa belle baguette de fée.
Elle l'agite et dit :
– Que cette année soit magique !
Puis elle saute au cou de sa maman et lui murmure à l'oreille :
– Pour commencer, je te fais un gros bisou magique !
Maman rit.
– Avoir une petite fée dans sa maison, c'est un grand bonheur !

2
Basile
JANVIER

Les bêtises de Mariboulette et Tourlourou

Ce jour-là, au zoo, Mariboulette et Tourlourou virent plein d'animaux, et même des éléphants.
– J'en veux un, d'éléphanteau ! Le petit mignon, là, avec des oreilles roses ! s'écria Mariboulette.
Et elle s'élança, escalada la grille, franchit le petit ruisseau, puis, se hissant sur une branche, elle sauta sur le dos de l'éléphanteau.
Elle lui fit un gros câlin. Un gardien la rejoignit vite et la sortit de l'enclos pour la rendre à papa. De retour, elle se grattait avec rage.
Elle avait attrapé des puces d'éléphanteau.
– Comme ça, t'as quand même ramené des animaux du zoo ! rigola Tourlourou.

3
Geneviève
JANVIER

Le sommeil de Cindirella

À cette époque de l'année, la tortue Cindirella hiberne au fond du jardin, dans une espèce de vieux trou. Chaque jour Freddy va la voir.
– Est-ce que ça va Cindirella ?
Cindirella ne répond pas.
– N'essaie pas de la voir, dit papa, et ne la découvre pas. Elle s'est fait un nid douillet pour ne pas avoir froid. Sois patient, tu la reverras en mars.
Alors Freddy court chercher une vieille couverture qu'il dépose devant le trou.
– Dors bien, tortue Cindirella. Sois patiente, tu me reverras en mars !

4
Odilon
JANVIER

L'ourson Caramel

Grelottants de froid, Canine, la petite louve, et Plumeau, le blaireau, entrent dans la tanière de Caramel en s'écriant :
– Bonne année Caramel !
Mais l'ourson hiberne encore...
– Allez, on le réveille !
La louve et le blaireau secouent leur ami, mais il ne bouge pas d'un pouce.
– Tant pis, on reviendra plus tard, décide Canine.
– Attends ! Regarde, un cadeau ! s'écrie Plumeau.

– C'est le cadeau du Père Noël ! s'émerveille Canine.
La louve attrape le paquet. Il n'est pas très lourd...
– On l'ouvre ?
– Non ! se fâche Plumeau. C'est à Caramel. Il l'ouvrira quand il se réveillera.
– Tu as raison... Bonne nuit, chuchote Canine.
Alors, les deux amis sortent de la tanière et retournent jouer dans la neige.

5
Édouard
JANVIER

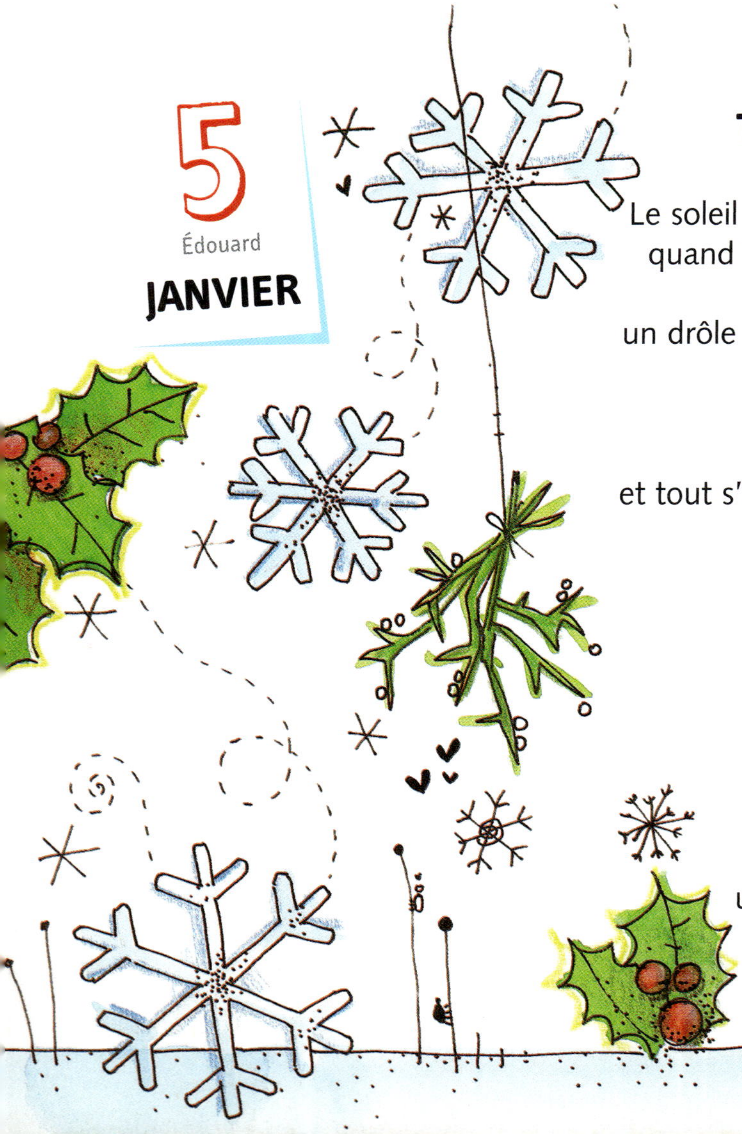

Titounail l'épouvantail

Le soleil pointait à peine le bout de son nez,
quand Titounail l'épouvantail a vu passer,
sur la pointe des pieds,
un drôle de bonhomme : Bonhomme Janvier.
De son grand panier,
il sortait des flocons glacés
qu'il semait au vent,
et tout s'est recouvert d'un grand tapis blanc.
De ses doigts givrés,
il faisait briller
boules de gui,
de houx et prunellier.
Quand il est parti,
il a laissé derrière lui,
une odeur de galette,
un petit vent de fête,
un air léger,
un parfum de bonne année !

6
Mélaine
JANVIER

Les délices de Réglisse

Réglisse, le petit ouistiti, a préparé une énorme galette des Rois.
« C'est sûr, il y en aura pour tout le monde », se dit-il.
Puis il ferme les yeux et place la fève dans la galette.
Réglisse espère secrètement que Guimauve trouvera la fève.
« Comme ça, elle me choisira comme roi ! » rougit-il déjà.
La galette est cuite et dorée ! Tous les invités sont là : Zip, Adam, Titigre, Timéo, Jef, Toucancan et Guimauve. Ils sont tous de bonne humeur, sauf Adam qui n'a pas l'air dans son assiette.
En s'approchant un peu, Guimauve l'entend murmurer :
– De toute façon, on ne me choisit jamais comme roi, moi !
La galette est distribuée et bien vite mangée.
– J'ai la fève ! s'écrie Guimauve.
Tout le monde l'applaudit et Réglisse lui met la couronne sur la tête.
– Tu dois choisir un roi ! lui dit-il tout béat.
– Alors… je choisis… je choisis… Adam ! dit-elle en embrassant l'éléphant.
Adam est tout content ; il fond de plaisir !
Mais pour Réglisse, quelle douche froide !
« Je croyais qu'elle m'aimait, moi », pense-t-il en allant bouder un peu plus loin.
Quelques minutes plus tard, Guimauve rejoint son petit ouistiti et lui dit :
– Ne m'en veux pas…
Timidement, Réglisse la regarde dans les yeux.
– J'aurais tant aimé être ton roi…
Alors Guimauve le serre dans ses bras et lui dit tout bas :
– Adam est le roi, mais toi tu es mon prince charmant !
Réglisse et Guimauve se font un bisou tout doux et les invités chantent :
– *Vive le roi, vive la reine et… vive les amoureux !*

7
Raymond
JANVIER

La famille Zinzin

Pour ses huit ans, Agathe a eu un cochon d'Inde.
Toute la famille Zinzin lui cherche un joli nom.
– Vos prénoms suivent l'ordre des lettres de l'alphabet, dit papa.
A comme Agathe. B et C pour les jumeaux : Barnabé et Célestine.
Puis D et E avec les autres jumeaux, Diane et Étienne. Et F pour notre petit Félix !
Il faut donc un prénom avec un G pour ce cochon d'Inde.
– Gâteau ! crient Barnabé et Célestine toujours gourmands.
– Grâce ! dit Diane, la princesse de la famille.
– Grue ! lance Étienne le bricolo.
– Grelot ? propose Agathe.
Aussitôt, huit mains se lèvent pour approuver l'arrivée de Grelot dans la famille !

8
Lucien
JANVIER

La famille Zinzin

Le cochon d'Inde d'Agathe ne semble pas apprécier son nouveau prénom, Grelot.
Lorsqu'on l'appelle, il ne vient même pas.
– Grelot est peut-être sourd, s'inquiète Agathe.
– Ou il n'aime pas son prénom, dit Barnabé.
– Laissons-le choisir, propose Agathe.
Je vais lui lire les mots du dictionnaire en G : Garage, Grenat, Gourdin...
Le cochon d'Inde ne bouge pas.
– Goupillon, Griotte...
Soudain, l'animal sautille de joie.
– Griotte ? répète Agathe.
Le cochon d'Inde sautille de plus belle.
– Qu'est-ce que c'est une griotte ? demande Diane.
– C'est une petite cerise, explique Agathe.
– Mais alors, s'exclame Diane, ça veut dire que Griotte est une fille !

9
Alix
JANVIER

Je serai... président de la République !

Quand il sera grand, Romaric sera président de la République.
Il aura une grande voiture noire avec des vitres teintées, des gardes du corps très musclés et il habitera dans un palais.
Et la première chose qu'il annoncera sera que, dans le pays désormais, tous les enfants sont rois. Et qu'ils ont le droit de manger des montagnes de bonbons, regarder tout le temps la télévision, dire des gros mots comme « fesse de cochon », et surtout dire « non ! » :
– Non maman, je ne veux pas me coucher !
– Non papa, je ne veux pas manger de navets gratinés !
– Non mamé, je ne veux pas t'embrasser !
– Non papé, je ne veux pas apprendre à pêcher !
– Non maîtresse, je ne veux pas rester assis sans bouger !
« Zut de zut ! se dit soudain Romaric. Quel dommage !
Quand je serai grand, je ne serai plus un enfant... »

10
Guillaume
JANVIER

Les dragons de janvier

En janvier, les dragons sont tous enrhumés !
Ils éternuent sans arrêt. Au lieu de lancer de beaux serpents de flammes pour se faire respecter, ils se crachent dessus des petites flammes ridicules... et ils se brûlent !
Ils courent en criant « Ouille ! Ouille ! Ouille ! », jusque chez le docteur Dragon qui leur fait la leçon :
– Les dragons en janvier doivent porter des écharpes, des bottes et des gants ignifugés !
Ils ne doivent pas ouvrir la gueule à tout bout de champ pour faire les malins en crachant des gerbes flamboyantes en plein vent glacé !
Non ! En janvier, un dragon doit se contenter, malgré tout le feu qu'il porte en lui, d'allumer son feu de cheminée !
Allons, dragons, un peu d'humilité ! L'hiver sera vite passé.
Reposez votre gorge et buvez votre tisane de braises avec du miel.
Et les dragons tout penauds, comme chaque année, rentrent chez eux en reniflant, tout couverts de pansements.

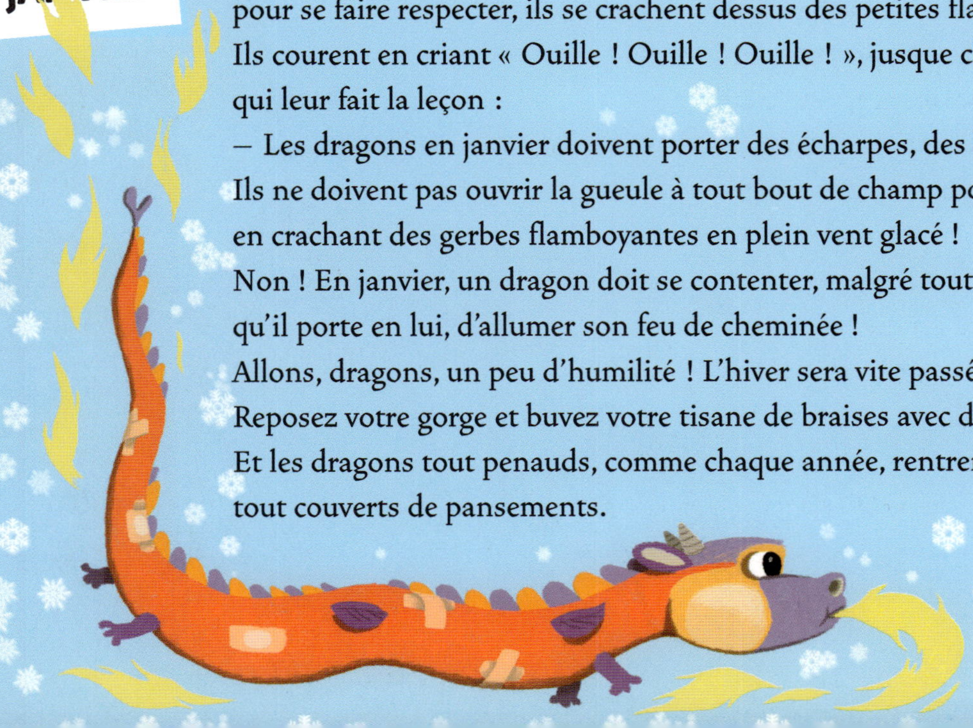

11
Pauline
JANVIER

AMOUREUX

Barnabé est fâché
Ça se voit sur son nez
Simon est grognon
Ça se voit sur son front
Mathieu est amoureux
Ça se voit dans ses yeux !

12
Tatiana
JANVIER

L'étrange petite invitée

Il neige et le vent est fou.
Une étrangère essaie de se glisser sous la porte.
Elle a huit pattes...
Maman va chercher son balai, elle déteste les araignées.
– Oh ! Sois charitable, dit papa, donne-lui l'hospitalité !
Elle a froid, elle aimerait rentrer, c'est l'hiver...
– Oh oui ! Maman, laisse-la ! dit Jeanne, qui se penche vers l'araignée.
Sois la bienvenue, jolie petite araignée... Tu es notre invitée !

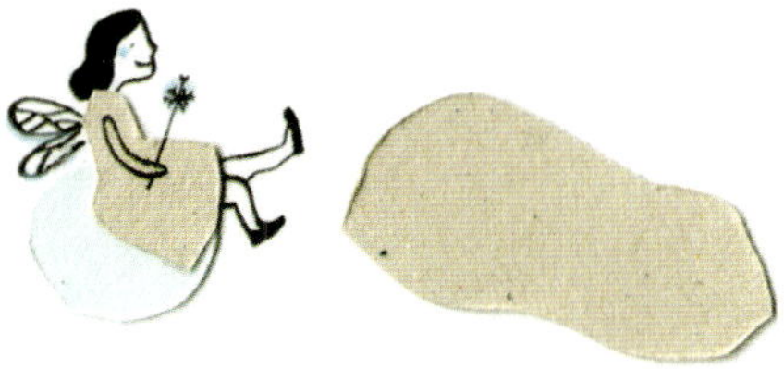

13
Yvette
JANVIER

Dis papy, pourquoi ?

Cet après-midi, Wendy, qui est enrhumée, doit rester chez son papy.
À la fenêtre, Wendy, un peu grognon, aperçoit les premiers flocons.
– Dis papy, pourquoi il neige ?
Papy regarde aussi :
– Ça, c'est à cause de la petite fée glacée. Cette gentille petite fée adore l'été.
Alors, quand vient l'hiver, la petite fée glacée devient triste comme les pierres.
Les jours ne durent pas longtemps, et elle grelotte tout le temps.
Pour lui redonner sa gaieté, son papy a eu une idée : il a inventé la neige,
et la petite fée glacée peut s'amuser, hiver comme été !

14
Nina
JANVIER

Titounail l'épouvantail

Petit Sapin
a du chagrin.
Noël est passé.
Fini la lumière et la gaieté !
Il n'est plus le roi de la fête !
Adieu les paillettes !
Il n'est rien qu'un sapin nu
qui passe inaperçu…
Titounail l'épouvantail,
tant bien que mal, le console :
– Tu es le seul arbre feuillu !
Mais Petit Sapin pleure et se désole…
Soudain, un oiseau surgit,
tout transi, tout affaibli.
Sur Petit Sapin, il se pose en gémissant :
– Pitié ! Offrez-moi un abri !
Petit Sapin dit oui, tout content.
Titounail sourit…

15
Rachel
JANVIER

Camille et Timinou

Camille est couchée. Soudain, une voix résonne dans l'entrée.
C'est maman qui rentre tard ! La petite fille est ravie. Sa maman viendra bientôt l'embrasser, comme chaque soir.
La porte s'ouvre. Mais au lieu d'un visage souriant, deux yeux brillants apparaissent.
Camille n'ose plus respirer. Une bête rôde dans sa chambre. Elle renifle les chaises et griffe la moquette. Que se passe-t-il ? Camille voudrait crier mais elle n'y arrive pas. Le monstre saute sur le lit. Un grondement sourd s'échappe de la poitrine du monstre.
– Au secours !
La lumière s'allume. En face d'elle, Camille voit un petit chat noir qui ronronne. Maman est là aussi, elle éclate de rire :
– Je te présente Timinou, le p'tit matou. Il est pour toi !

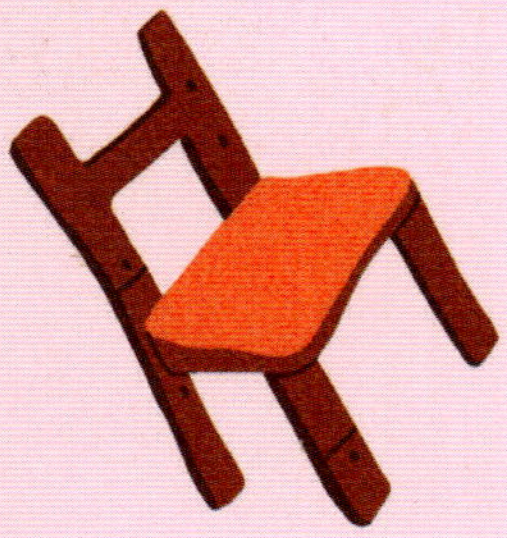

16
Marcel
JANVIER

L'ourson Caramel

Ce matin-là, Canine, la petite louve, et Plumeau, le blaireau, entrent chez Caramel, le petit ourson.
– Réveille-toi ! Nous allons tirer les rois !
Caramel ronfle.
Plumeau déballe une galette et la découpe en trois parts égales.
– Qui sera le roi ?
La louve et le blaireau mordent dans le gâteau.
Caramel bâille : Ouhaaa !
Vite, Canine enfourne une part de galette dans la gueule de l'ours, qui mâchouille dans son sommeil.
Canine et Plumeau terminent leurs morceaux.
– Pas de fève ! annonce le blaireau.
– Ici non plus ! grogne la louve. Mais alors, c'est Caramel le roi !
– Oh non ! Il a tout avalé ! Même la fève !
Les deux amis déposent la couronne sur la tête de l'ours et s'en vont en rigolant !

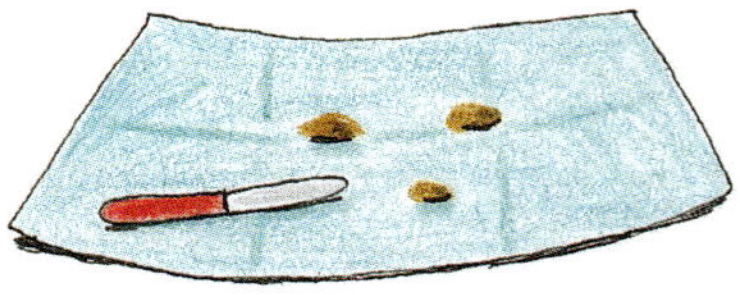

17
Roseline
JANVIER

PETIT TAMBOUR

Quand l'amour tourne la tête
Le cœur aussi est à la fête
Il bat le rythme, suit les trompettes
Il bat dit boum et bat daboum
C'est le petit tambour de l'amour…

18
Prisca
JANVIER

Princesse Timide

Si vous la regardez, Princesse Timide se met à rougir, rougir… comme une tomate.
Si vous lui parlez, elle se met à claquer des dents et à bafouiller.
Son jeu préféré ? Cache-cache !
Son habit préféré ? Sa capeline !
Le moment de la journée qu'elle préfère ? La nuit !
Princesse Timide adore danser. Elle est très douée !
Mais trop timide pour vous le montrer…
Princesse Timide est tellement timide que ce qu'elle souhaite le plus au monde, c'est que vous vous dépêchiez de tourner la page !

19
Marius
JANVIER

Les délices de Réglisse

Réglisse, le petit ouistiti est fier : il vient de recevoir le diplôme de chef cuisinier.
Il le montre à ses amis ébahis.
– Je peux tout vous cuisiner, dit-il, canard à l'orange, truite farcie, gratin au fromage et tarte Tatin !

– Ouah ! s'exclament ses amis.
Soudain, on entend une toute petite voix.
– Et la purée ? Tu sais faire la purée ?
C'est Timéo, le petit hippo qui a parlé, et ça fait bien rire les autres.
Pas besoin d'avoir un diplôme de chef cuisinier pour faire de la purée !
Réglisse sourit et attrape une casserole. Il prépare une délicieuse purée pour Timéo.
Réglisse est un grand cuisinier, mais, pour ses amis, c'est d'abord un chouette ouistiti !

20
Sébastien
JANVIER

L'ongle de la sorcière

En descendant de son balai, Brisefer, la sorcière, est tombée sur son derrière !
Elle s'est cassé l'un de ses ongles crochus et le vent l'a emporté jusqu'au jardin d'Alix.
L'ongle s'est planté dans la terre gelée.
Rien ne pousse en hiver, sauf les ongles de sorcières.
Alix en a assez de ses frères qui lui font la bagarre. Par la fenêtre, elle est étonnée de voir une plante bizarre pousser. On dirait une corne ou un os de mammouth.
Non, ça devient un toboggan géant qui monte et qui descend.
Alix se dépêche de l'essayer. Le toboggan l'emporte jusqu'au balai de la sorcière.
Brisefer est toujours par terre. Alix l'aide à se relever.
– Merci, petite ! Je vais te faire un cadeau. Qu'est-ce qui te ferait plaisir ?
Alix a une idée.
Quand elle rentre chez elle, elle chante à ses frères le cadeau de la sorcière :
– *Crapautère-crapautait, voilà les frères qu'il me faudrait !*
Elle sourit. « Ça marche ! Merci, ma copine sorcière ! »

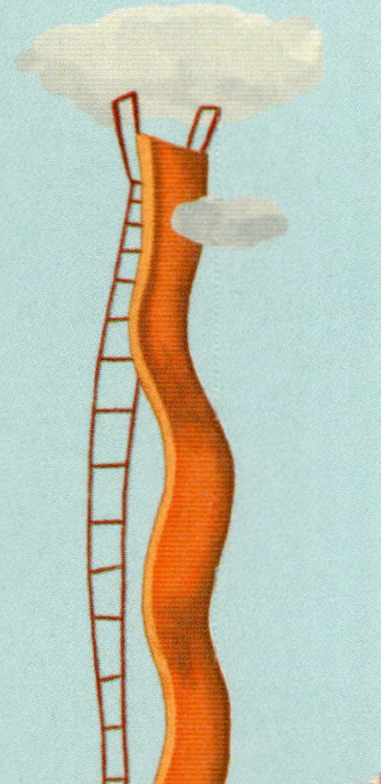

21
Agnès
JANVIER

Le vilain petit canard

Un jour, de l'un des œufs de maman Cane sortit un drôle de caneton.
– Qu'il est gros ! disaient ses frères.
– Qu'il est laid ! disaient ses sœurs.
Maman Cane avait honte, devant les poules, les dindes et les oies, d'avoir pondu un si vilain petit canard !
– Éloigne-toi, lui disait-elle quand elle nageait dans la mare, suivie par toute sa marmaille. Je ne veux pas que l'on voie que tu es à moi !
Alors le petit canard restait tout seul, et il était très malheureux.
Quand il voulait jouer avec ses frères et sœurs, ceux-ci le rejetaient également.
– Tu es trop grand ! se plaignaient les uns.
– Et trop maladroit ! ajoutaient les autres.
Alors le petit canard restait tout seul, et il était très malheureux.
Un jour, il décida de s'en aller. Il marcha, marcha à travers la campagne, sous la pluie, le vent et la neige. Et il arriva devant un grand étang où nageaient des cygnes.
Le vilain petit canard, qui n'avait jamais vu d'oiseaux si magnifiques, les regardait, bouche bée, quand l'un des cygnes lui dit :
– Viens t'amuser avec nous !
Tout étonné par tant de gentillesse, le vilain petit canard s'approcha de l'étang et vit son reflet dans l'eau. Il n'en crut pas ses yeux. Pendant son voyage, il avait grandi et était devenu… un cygne !
Voilà pourquoi il était différent des autres canards !
Maman Cane, sans le savoir, avait couvé un œuf de cygne.
Tout heureux d'avoir trouvé sa vraie famille, le vilain petit canard – qui ne l'était plus ! – sauta dans l'étang.

22
Vincent
JANVIER

Mon grand-père et mon pépé

Un matin, quand je me suis réveillé, le grand hiver avait frappé.
Le jardin était tout blanc, comme s'il avait mis un gant.
Mes grands-parents devaient venir déjeuner.
Pépé et mémé sont arrivés les premiers.
– Il fait un froid de loup ! a dit pépé en enlevant le chapeau que mémé lui avait tricoté.
Puis grand-père et grand-mère ont sonné.
– Quel froid de canard ! a dit grand-père en enlevant son béret.
Ils ne sont jamais d'accord ces deux-là !

23
Barnard
JANVIER

Je serai... marchand de chaussures !

– Plus tard, dit Mille-Pattes, je serai marchand de chaussures.
Je n'aurai pas de magasin mais tout sous la main !
Je défilerai à travers le pays avec mes souliers,
et les gens pourront choisir la chaussure qui leur plaît :
souliers de randonnée, chaussons fourrés en poils de nez,
bottes en caoutchouc pour sauter dans les flaques de boue,
baskets décorées avec des pâquerettes, sandalettes et claquettes,
tongs pour la plage et chaussures vernies pour les mariages.
Et moi, qu'est-ce que je serai beau avec tout ça... Peut-être même que je trouverai une fiancée, que je me marierai et que j'aurai tout un tas de bébés... qui pourront défiler avec plein de nouveaux souliers !

24
François de Sales
JANVIER

Les bêtises de Mariboulette et Tourlourou

La neige était tombée pendant la nuit.
– On va faire un bonhomme de neige ! proposa Tourlourou.
Aussitôt dit, aussitôt fait… Ils l'appelèrent Gontran.
– Ce qui leur manque, aux bonshommes de neige, c'est la vie ! dit Mariboulette.
– J'ai une idée ! répondit Tourlourou.
Et il entreprit de recouvrir sa sœur de neige.
– Tu seras le premier bonhomme de neige vivant !
C'est papa, passant par là, qui la déneigea vite, vite.
Elle eut un gros rhume. Tourlourou eut une punition.
Puis, la neige fondit. Et Gontran aussi.
Vivement le printemps !

25
Conversion de St Paul
JANVIER

La gazette d'Eliot et Margaux

Ce soir Eliot et Margaux se promènent sur la lune ! Et si la nuit reste sans nuages,
ils feront aussi un p'tit tour sur Neptune ou sur les anneaux de Saturne…
Génial ! Même pas besoin de fusée pour voyager !
Après le dîner, papa a sorti son télescope sur le balcon. Depuis cet instant,
les enfants observent les planètes par le petit bout de la lorgnette : que c'est grand l'univers !
Il y a tellement de choses à regarder !
Oh ! On dirait une météorite ! Non, c'est une étoile filante !
Vite, vite, vite, Eliot et Margaux ferment les yeux. C'est l'occasion de faire un vœu.
On ne sait jamais, peut-être que…

26
Timothée
JANVIER

Dis papy, pourquoi ?

En promenade au zoo avec son papy, Wendy aperçoit des ouistitis.
– Pourquoi les singes grimpent dans les arbres, papy ?
Papy dit :
– Avant, les pauvres girafes s'ennuyaient beaucoup, toutes seules avec leur long cou. Elles ne pouvaient pas discuter avec les autres animaux de la forêt. Alors, les petits singes ont décidé de grimper pour pouvoir leur parler. C'est pratique et en plus, ils font de la gymnastique ! Après avoir papoté, les girafes leur font un gros bisou, et les singes redescendent en glissant sur leur cou.

27
Angèle
JANVIER

Un drôle de dessin pour mamie

Il a gelé fort cette nuit. Ce matin, il y a du givre.
Jordi raccroche le téléphone. Il vient de parler à sa vieille petite mamie. Quand le froid arrive, elle ne sort plus de chez elle, sauf pour aller jusqu'à sa vieille boîte aux lettres. Sinon, le reste du temps, elle se cache sous ses couvertures et elle lit.
– Pauvre petite mamie, je vais t'écrire, dit Jordi.
Il va chercher une feuille et fait un drôle de dessin.
– Qu'est-ce que c'est ? demande maman.
– Ben regarde, réplique Jordi, c'est un radiateur pour mamie !

28
Thomas d'Aquin
JANVIER

Un petit coin qui ne sert à rien

Un soir où il gelait, un vieil homme frappa à la porte.
Il demanda à la fermière :
– N'avez-vous pas un petit coin qui ne sert à rien ?
La fermière réfléchit :
– Dans la grange entre la paille et les vaches,
il me semble bien qu'il y a un petit coin qui ne sert à rien.
Le vieil homme dit doucement :
– Ce petit coin qui ne sert à rien, il pourrait peut-être me servir à me reposer cette nuit…
– C'est une bonne idée, répondit la fermière, et elle conduisit l'homme vers la grange.
Quand toute la famille eut le ventre bien rempli, le vieux frappa à nouveau.
– Dans votre marmite, n'auriez-vous pas un peu de soupe qui ne sert à rien ?
Il restait deux louches de soupe que la fermière servit au vieux.
En le regardant manger, les yeux reconnaissants, devant le feu de bois,
la fermière sentit quelque chose qui crépitait dans son cœur :
c'était un petit coin qui autrefois ne servait à rien et qui,
soudain, se remplissait de joie.

29
Gildas
JANVIER

Cerise et Chocolat

Cerise a chaud et froid. Elle a mal partout et se sent toute flagada.
C'est sûr, Cerise est un peu malade ! Maman lui donne du sirop magique et dit :
– Tu vas rester bien au chaud et demain tu iras mieux !
Cerise écoute une jolie musique sur le canapé du salon. Elle regarde Chocolat
qui n'est pas malade du tout et qui fait le petit fou ! Cerise le prend sur ses genoux
et elle chante la comptine du disque :
– *C'est le petit cheval qui va au pas, au trot, au galop !*
Cerise va déjà bien mieux ! Jouer avec son doudou, ça guérit toutes les maladies !

30
Martine
JANVIER

Camille et Timinou

Timinou, le p'tit matou, adore les poissons rouges. Il y en a cinq dans le grand aquarium. Ils frétillent dans les algues, se cachent sous les pierres. Comme ça doit être amusant ! Mais Timinou n'a pas le droit de jouer avec eux. Ce n'est pas juste !
Aujourd'hui, il n'y a personne dans le salon. Timinou s'approche de l'aquarium. Il pose une patte sur la paroi vitrée, se penche… et plouf ! Timinou tombe comme une pierre. Il se débat, essaie de revenir à la surface, plonge à nouveau, s'affole. Heureusement, Camille n'est pas loin. Elle attrape Timinou et le tire hors de l'eau. Le matou a eu très peur. Plus jamais il ne se prendra pour un poisson rouge !

31
Marcelle
JANVIER

Les délices de Réglisse

Réglisse, le ouistiti, est en émoi : la jolie Guimauve vient pour le goûter !
– Je vais faire une bonne compote de pommes.
Comme Réglisse est amoureux, il a un peu la tête ailleurs.
– Zut ! Le sucre s'est transformé en caramel !
Plouf, plouf !
– Zut ! Les pommes sont tombées dedans !
Réglisse attrape un bâtonnet pour récupérer les pommes…
Ding, dong ! On sonne à la porte. C'est Guimauve.
– Oh ! Réglisse, comme c'est charmant : des pommes d'amour pour le goûter !
Guimauve et Réglisse ont mangé leur pomme d'amour les yeux dans les yeux.
Réglisse a quand même rougi, juste un petit peu.

1
Ella
FÉVRIER

Baba Yaga

Dans la campagne russe vivait une petite fille nommée Douchka. Elle n'avait plus de mère et sa marâtre la détestait. En l'absence de son mari, la méchante femme dit un jour à Douchka :
– Va chez ma sœur Baba Yaga chercher du fil et des aiguilles.
Or Baba Yaga était une sorcière qui mangeait les enfants. En voyant arriver Douchka, elle se frotta les mains.
– Fais chauffer l'eau, nous allons la cuire pour le dîner, dit-elle à sa servante.
Mais le chat avait tout entendu. C'était un chat noir un peu magicien, comme tous les chats de sorcière. Douchka, qui aimait les animaux, le caressa au passage. Le chat, plus habitué aux coups qu'aux caresses, en fut tout ému.
– Méfie-toi de Baba Yaga ! lui ronronna-t-il à l'oreille.
Puis il lui donna un mouchoir et un peigne, en recommandant :
– En cas de danger, jette-les derrière toi !
Quand l'eau fut chaude, Baba Yaga voulut pousser Douchka dans le chaudron. Mais la petite fille s'enfuit à toutes jambes.
Comme la sorcière allait la rattraper, elle jeta le mouchoir derrière elle. Il se transforma en rivière. Baba Yaga sauta sur son balai et la franchit d'un bond. Douchka jeta le peigne ; il se changea en forêt. Dans cette forêt, il y avait des bûcherons. Douchka courut se réfugier auprès d'eux et leur raconta son histoire. Ils attrapèrent la sorcière et la tuèrent.
Quand il apprit la chose, le père de Douchka chassa la marâtre et adopta le chat. Ils vécurent longtemps heureux, tous les trois !

2
Théophane
FÉVRIER

Les délices de Réglisse

Timéo est un petit hippo très très gourmand !
Ce qu'il aime par-dessus tout c'est manger des crêpes.
Des crêpes à la confiture, au miel ou au chocolat.
C'est bientôt la Chandeleur, alors Timéo est bien content.
Tous les jours, il passe chez Réglisse et demande :
– C'est aujourd'hui que tu fais des crêpes ?
– Non, lui répond Réglisse, il faut encore attendre un petit peu.

Le lendemain, Timéo passe la tête par la fenêtre.
– Dis, Réglisse, c'est aujourd'hui les crêpes ?
– Non, patiente encore un peu ! sourit le ouistiti.
Le lendemain, Timéo revient.
– Alors, c'est aujourd'hui ?
– Mais non, voyons ! répond Réglisse.
« Pff ! Comme c'est long ! » pense Timéo.
Les jours se suivent et il n'y a toujours aucune crêpe à l'horizon.

Enfin, le jour de la Chandeleur arrive ! Réglisse a préparé mille et une crêpes pour tous ses amis : des crêpes sucrées, des crêpes salées et même des crêpes-surprise ! Elles seront pour le goûter. Mais d'abord, Réglisse file à vélo chez Timéo.
Ding, dong ! Le petit hippo, encore tout ensommeillé, ouvre la porte.
– Ta-tam ! fait Réglisse, c'est la Chandeleur aujourd'hui !
Pour ton petit déjeuner, je t'apporte des crêpes encore toutes chaudes !
Timéo se frotte les yeux, s'étire, bâille et sourit.
– Chouette ! Chouette ! Chouette ! Des crêpes ! Merci Réglisse !
Et hop ! Il en engloutit une ! Puis dix !
Quelques minutes plus tard, Timéo a toujours la bouche pleine et de la confiture partout. Il demande à Réglisse :
– Et les œufs en chocolat ? C'est pour quand ?
Quand on est un gourmand, c'est pour longtemps !

3
Blaise
FÉVRIER

Camille et Timinou

Timinou, le p'tit matou, n'a peur de rien. Il ne craint ni les coccinelles, ni les abeilles, ni les sauterelles. Il est fort comme un tigre, souple comme une panthère. Le voilà dans la jungle sauvage. Cette jungle, c'est la chambre de Camille. L'armoire est comme une caverne. Le tapis, comme une mer... Timinou rampe sous le lit. Il attaque courageusement une paire de chaussettes sales quand deux yeux se posent sur lui. Deux yeux verts et brillants ! Le matou pousse un cri de terreur. D'où sort ce monstre ? Va-t-il se jeter sur lui ?

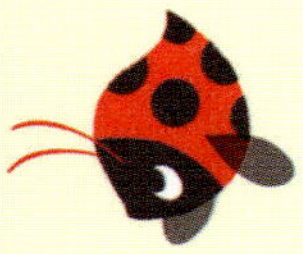

Camille a entendu le miaulement apeuré. Elle glisse un œil sous le lit, attrape le monstre, et s'exclame joyeusement :

– Mon ours en peluche. Merci de l'avoir retrouvé Timinou !

4
Véronique
FÉVRIER

L'ourson Caramel

Canine, la petite louve, et Plumeau, le blaireau, se précipitent chez Caramel.

– Ouvre les yeux, paresseux ! glapit Canine en agitant une assiette de crêpes fumantes.

Alléché par l'odeur, l'ourson se réveille.

– Salut Caramel ! Aujourd'hui, on a décidé de fêter Mardi gras !

Viens te déguiser pour le défilé !

Caramel éclate de rire en voyant ses amis habillés en clown et en citrouille.

Il avance jusqu'à l'entrée de la grotte, met le nez dehors et grogne :

– Il fait trop froid pour sortir ! Je préfère dormir...

Les trois amis s'installent dans la paille et dévorent les crêpes.

Repu, Caramel bâille et se rendort.

Alors, Canine et Plumeau s'en vont doucement.

5
Agathe
FÉVRIER

Les bêtises de Mariboulette et Tourlourou

Mariboulette gronde Nestor, son chat tigré, parce qu'il sort tout nu dans le jardin alors que c'est l'hiver. Elle décide de l'emmitoufler dans des manteaux de poupée. Elle lui enfile des moufles sur ses quatre pattes, parce que c'est par les pieds qu'on attrape froid, comme dit mémé. Et elle pousse Nestor dans le jardin.
– Va, mon chat !
Nestor fait « miaou ». Il marche tout raide, comme un robot rouillé.
Les oiseaux du quartier viennent le narguer. Il essaye d'en attraper un, mais il n'arrive à rien, avec ses moufles !
Depuis ce jour, Nestor n'est plus un vrai chat. Il a renoncé à la chasse, même après qu'on lui a retiré ses moufles.

6
Gaston
FÉVRIER

Princesse Étourdie

Princesse Étourdie fait tout de travers, car elle a toujours la tête en l'air.
Quand elle s'habille, elle boutonne le lundi avec le mercredi et met ses souliers à l'envers.
– Le prince qui t'épousera devra être très dégourdi ! soupirent le roi et la reine.
La princesse, qui est en train d'arroser ses poissons rouges, hausse les épaules.
– Pff !... Il ne faut pas exagérer, je ne suis pas si étourdie que ça !
Puis elle enfile sa culotte sur la tête et dit au portemanteau :
– Puisque c'est comme ça, je sors !
La reine lève les yeux au ciel.
– Pas par ici ma chérie, là ce sont les toilettes !

7
Eugénie
FÉVRIER

La gazette d'Eliot et Margaux

Chut ! Eliot et Margaux connaissent un superhéros pour de vrai.
Bon d'accord, il ne sait pas voler. Il n'est pas hypermusclé.
Il n'a ni cape ni pouvoirs magiques. Rien de tout ça !
Pourtant, il est rudement fort ce héros-là...
Les gens disent qu'il a éteint un feu là-bas et qu'il a sauvé une vieille dame ici.
Et c'est tous les jours comme ça. Bref, c'est un héros supergentil, toujours prêt à vous aider.
Bien entendu, comme tous les héros, il a une base secrète.
Elle s'appelle : « La caserne des pompiers » !
On y croise d'autres héros comme lui. Ils font tous comme si de rien n'était.
Mais chut ! C'est un secret !

8
Jacqueline
FÉVRIER

Camille et Timinou

Timinou, le p'tit matou, est dans le salon. Il a l'impression que quelqu'un marche derrière lui.
Quand il s'arrête, plus rien ne bouge. Mais dès qu'il repart, la chose remue à nouveau.
Qui est-ce ? Un gros chien peut-être, qui lui sautera dessus à la première occasion ?
Ou bien un loup, une bête sauvage...
Timinou accélère. Il passe sous une chaise, saute sur la table, se glisse derrière le canapé.
La chose est toujours là, sur ses talons. Timinou se retourne brusquement. Il hérisse son poil et lance un cri furieux.
Camille n'a rien perdu de la scène. D'un ton joyeux, elle lance à papa et maman :
– Regardez Timinou. Il a peur de son ombre, c'est trop amusant !

9
Apolline
FÉVRIER

Les souhaits ridicules

Un couple de paysans se lamentait sur son sort.
– Ah ! Que la vie est dure ! répétait le mari. Nous trimons du matin au soir et nous sommes toujours aussi pauvres.
– Ce n'est pas juste, ajoutait sa femme. Pourquoi certaines personnes ont-elles tout et d'autres, rien ?
Une fée qui passait par là les entendit et, prise de pitié, leur dit :
– Je vous accorde trois vœux, usez-en judicieusement !
Croyant à une plaisanterie, le mari s'esclaffa :
– J'ai envie d'une saucisse !
Aussitôt – ô surprise ! – il eut dans son assiette une magnifique saucisse, rôtie à point.
Le premier instant de stupeur passé, sa femme se mit en colère :
– Tu es complètement fou, ma parole ! Nous pouvions souhaiter la beauté, le pouvoir ou la fortune, et toi, tu demandes une saucisse. As-tu perdu l'esprit ?
– Inutile de t'emporter ! répliqua le mari. Il nous reste deux vœux, c'est bien suffisant !
– N'empêche que tu as stupidement gâché le premier ! s'entêta la femme.
Une dispute s'ensuivit, durant laquelle le mari cria étourdiment :
– Espèce de mégère, tu mériterais que cette saucisse te pende au nez !
Et vloup ! La saucisse sauta au nez de la paysanne, où elle resta accrochée comme une trompe.
En la voyant ainsi défigurée, son mari n'eut d'autre choix que de souhaiter :
– Je veux que la saucisse retourne dans mon assiette.
Ainsi restèrent-ils aussi pauvres qu'avant. Et leur sottise leur ayant coupé l'appétit, ils ne mangèrent même pas la saucisse. Ce fut le chien qui en profita !

10
Arnaud
FÉVRIER

Cerise et Chocolat

Cerise fait de la peinture avec son beau tablier. Elle prend une feuille toute blanche et trempe son pinceau dans l'eau, sans éclabousser Chocolat. Cerise choisit de jolies couleurs et dessine un bonhomme. Une tête bien ronde, une bouche en cœur, un nez en trompette, plein de cheveux, une robe, deux jambes et dix doigts ! Quand maman arrive, elle s'écrie :
– Oh !... Mais... je la reconnais cette petite fille-là ! C'est toi, ma Cerise !
Tout étonnée, Cerise demande :
– Et comment tu m'as reconnue ?
– Parce que tu es la plus jolie, bien sûr !

11
Notre-Dame de Lourdes
FÉVRIER

Fondus d'amour...

Quand lentement le jour se lève,
Bonhomme et Bonne Femme de neige
se réveillent...

Dans le vent, ils se tiennent tout droits,
glacés, gelés par le froid
jusqu'aux oreilles...

Tendrement ils se regardent,
et voilà que leur cœur se craquelle,
que leur corps se dégèle.

Ils fondent, fondent d'amour
dans la lumière du soleil...

12
Félix
FÉVRIER

La famille Zinzin

Célestine a perdu une dent. Avant de se coucher, elle la cache sous son oreiller, car la petite souris va passer.
Mais le lendemain – catastrophe ! – la petite souris a oublié.
La dent est toujours là et il n'y a pas de pièce sous l'oreiller.
Dans le lit du dessus, Barnabé, lui, est tout étonné.
– Tiens ! dit-il. J'ai une pièce sous mon oreiller.
– La petite souris s'est trompée ! s'écrie Célestine.
Barnabé tend la pièce à sa sœur.
– Quelle étourdie cette petite souris ! dit-il en riant. Moi, je n'ai même pas perdu de dent.
Mais à peine a-t-il dit cela que ploc ! il perd une dent à son tour !

13
Béatrice
FÉVRIER

Je serai... maître d'école !

– Plus tard, dit Petit Loup, je serai maître d'école.
– Et pourquoi ? demande Renard. Tu aimes les enfants ?
– Je les adore ! répond Petit Loup.
– Mais les enfants sont bruyants ! dit Renard.
– Je ne les entendrai pas.
– Mais ils sont turbulents ! dit Renard.
– Pas avec moi.
– Et désobéissants ! poursuit Renard.
– Tu n'as rien compris, rit Petit Loup. Les enfants, à la récré, j'en ferai mon goûter : en pizza, les enfants bruyants ! En sandwich, les enfants turbulents ! En salade, les enfants désobéissants !
Et foi de Petit Loup, dans mon bidon, je n'entendrai plus que... glouglou !

14
Valentin
FÉVRIER

La petite pensée de Martin

Ce matin, papa n'arrête pas de faire des bisous à maman, parce qu'ils sont amoureux.
Ce soir, au retour du travail, ils fêteront la Saint-Valentin.
Sans rien dire, avec ses deux grands yeux, le petit Martin les regarde.
– Est-ce que ça va, petit « Martin-pêcheur » ? lui demande papa.
C'est comme ça qu'il appelle Martin.
– Oui, ça va, tout va bien, répond Martin.
Maman s'inquiète à son tour.
– À quoi penses-tu ? Tu es bien muet ce matin...
– C'est à cause de la Saint-Valentin. C'est beau l'amour... répond Martin.

15
Claude
FÉVRIER

LA PRINCESSE AU MIROIR

Connaissez-vous cette histoire
De cette princesse au miroir
Qui aimait tant se regarder
Qu'elle ne levait plus le nez
Pour voir le monde autour d'elle
Comme font toutes les demoiselles ?
Un amoureux vint à passer,
Puis deux,
Puis trois,
Puis des milliers,
Elle ne vit absolument rien
Trop occupée à soigner son teint.
Ses rides elle compte aujourd'hui
Les prétendants, eux, sont partis...
On dit même qu'elle s'est noyée
Tant ses larmes ont coulé...

16
Lucile
FÉVRIER

Les délices de Réglisse

Réglisse, le ouistiti, s'affaire dans sa cuisine : il a promis de préparer des friandises pour Mardi gras. Timéo passe justement par là. La tête baissée et les mains dans les poches, il bougonne :

– Nous fêtons Mardi-Gras ce soir et je n'ai toujours pas de déguisement.

– Déguise-toi en clown ! propose Réglisse.

– Bof... soupire Timéo.

– En Martien ? continue le ouistiti.

– Titigre est déjà en Martien, ronchonne le petit hippo.

Réglisse continue de cuisiner, car il est pressé.

– Je peux t'aider ? demande Timéo.

– Si tu veux. Tartine ces petits pains au lait avec de la confiture, répond Réglisse.

Timéo retrousse les manches... mais comme il est maladroit, il se colle de la confiture partout sur la tête, le ventre et les mains !

« C'est pas grave ! » se dit-il en voulant attraper un autre petit pain...

Et bing ! Timéo renverse le paquet de farine sur la table.

– C'est malin ! se fâche Réglisse. Va te débarbouiller à l'évier !

Comme Timéo est trop petit, il se met debout sur une chaise.

Mais il a beau être petit, Timéo est lourd.

Crac ! fait la chaise. Patatras ! fait Timéo, qui se rattrape à l'étagère.

Boum, badaboum ! fait l'étagère, qui tombe par terre.

Et voilà notre Timéo les quatre fers en l'air, tout poisseux et enfariné, une casserole sur la tête.

– J'ai pas fait exprès ! murmure-t-il.

Réglisse n'est pas du tout content, mais à la vue de ce spectacle, il éclate de rire.

– Au moins, tu as trouvé ton déguisement pour ce soir !

De bon cœur, Timéo se met à rire lui aussi.

17
Alexis
FÉVRIER

Les bêtises de Mariboulette et Tourlourou

Cela fait bien dix minutes, au moins, que Mariboulette et Tourlourou se font face, tout près l'un de l'autre. Ils se crient dessus, et leurs petites voix aiguës se confondent :

– Tête de prout !

– Pâte molle !

– Espèce de crotte de nez !

– Espèce de sale machin moche qu'on ne sait même pas ce que c'est !

– Espèce de... espèce de... *espèce de grand frère* !

Maman, alertée par ces hurlements, intervient :

– Houlala ! Qu'est-ce que c'est que ces horreurs ? Voulez-vous bien vous taire ?

– Ben quoi ? On discute... répondent-ils en chœur.

Et ils se retirent dans leur chambre, un rien dédaigneux, en se tenant par la main.

18
Bernadette
FÉVRIER

LA BOÎTE À BISOUS

Dans ma boîte à bisous
Il y a des
Bisous bijoux
Bisous cailloux
Bisous choux
Bisous genoux
Bisous hiboux… hou hou !
Que des bisous
Bisous tout doux
Un point c'est tout !

19
Gabin
FÉVRIER

Dis papy, pourquoi ?

Ce soir, Wendy va dormir chez papy et mamie.
Dehors, il fait déjà nuit, et Wendy réfléchit :
– Dis papy, pourquoi la lune ressemble parfois à un croissant ?
Papy trouve ça évident :
– Eh bien, c'est à cause des petits nuages qui font de longs voyages.
Lorsqu'ils sont trop fatigués, ils n'ont qu'une envie : se reposer.
Oui mais voilà, il leur faut un lit douillet pour s'allonger !
Heureusement, la lune est très gentille. Elle se transforme en croissant
et les petits nuages fatigués peuvent s'endormir dedans.

20
Aimée
FÉVRIER

La famille Zinzin

Chouette ! Il neige. Diane enfile ses bottes fourrées, son manteau,
son bonnet, son écharpe et ses gants. Puis elle file dehors.
Lorsqu'elle rentre enfin, le soleil est de retour. Diane invite alors toute la famille.
– Venez voir mon exposition !
Bien emmitouflés, les Zinzin suivent Diane jusqu'à la table du jardin.
– Mon exposition ! annonce-t-elle, triomphante.
Mais sur la table, il n'y a rien. Rien qu'une petite flaque d'eau.
– Oh non ! pleurniche Diane. Mon exposition a disparu.
– Qu'y avait-il dans ton exposition ? demande papa gentiment.
– Des flocons. Plein de jolis flocons de neige.

21
Damien
FÉVRIER

L'ourson Caramel

Un courant d'air traverse le repaire de Caramel.
L'ourson ouvre les yeux et s'étire. Il sort de sa grotte et marche jusqu'à la rivière. Il aperçoit son reflet dans l'eau claire.
– Je suis tout hirsute ! Et je ne sens pas la rose. Une toilette s'impose !
Caramel se penche pour se débarbouiller dans l'eau.
C'est alors qu'une ombre surgit des buissons ! Surpris, notre ourson perd l'équilibre et tombe dans la rivière ! Plouf !
– Tu es réveillé ! s'écrie Canine, la louve.
– Tu m'as fait peur, grogne l'ours. L'eau est glacée ! Je retourne me coucher !
Caramel sort de la rivière et, vite, regagne son lit… Grrrrrr !

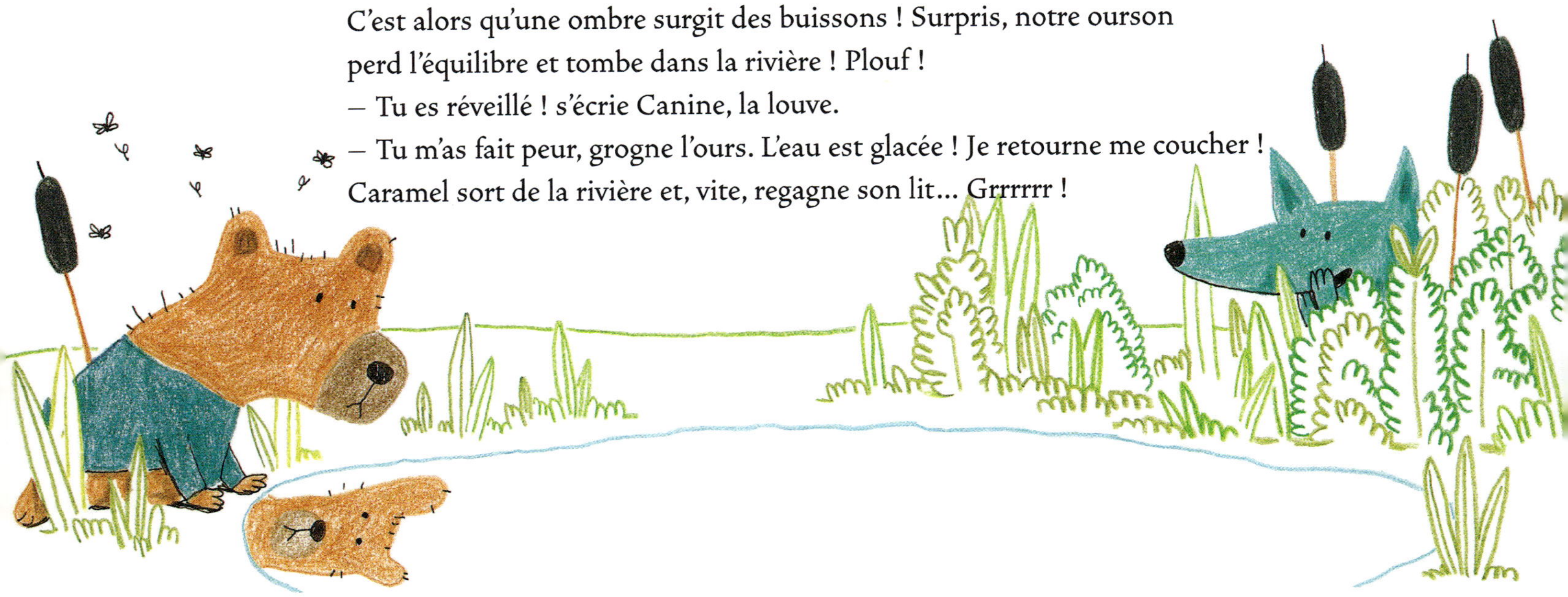

22
Isabelle
FÉVRIER

Dis papy, pourquoi ?

Souvent, le mercredi après-midi, papy lit des histoires à Wendy.
Aujourd'hui, c'est l'histoire de Blanche-Neige, et Wendy a une question :
– Dis papy, pourquoi les sorcières sont toujours vilaines ?
Papy lui montre un dessin dans le livre :
– Avant, il n'y avait que des gentilles sorcières. Mais un jour, une méchante sorcière est apparue. Oh ! elle avait l'air gentille comme ça, mais en réalité, elle était très cruelle ! Les autres sorcières ont alors décidé de lui jeter un sort : « Que cette vilaine sorcière soit aussi laide dedans que dehors ! »
Depuis, toutes les méchantes sorcières sont vilaines comme des poux.

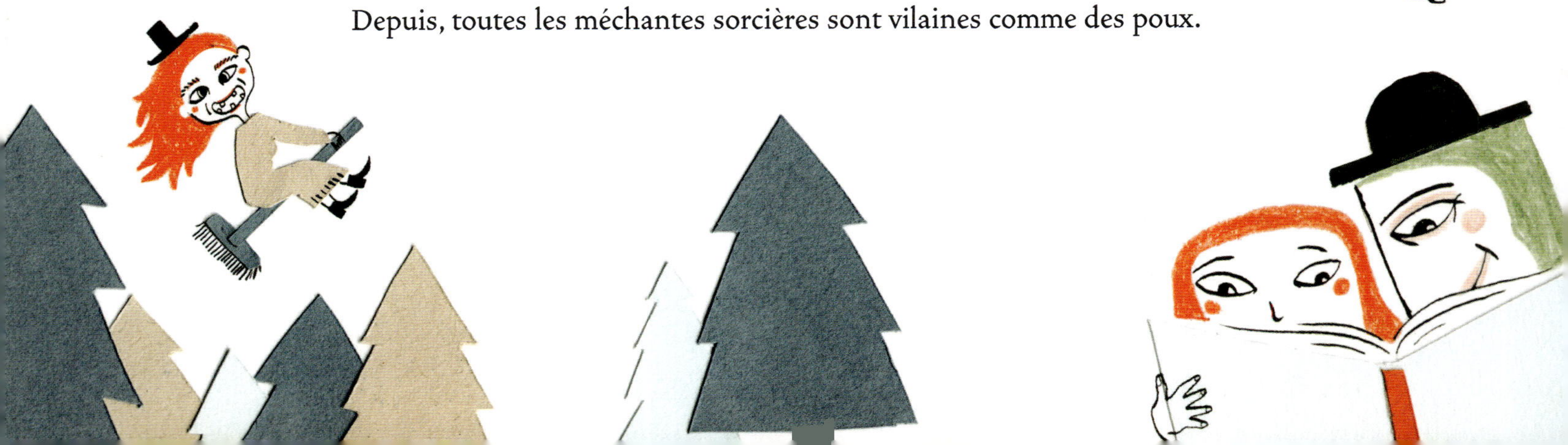

23
Lazare
FÉVRIER

Le bonhomme qui court

Paul fait une énorme boule de neige, puis une petite, qu'il pose dessus.
« Voilà, j'ai un bonhomme de neige, se dit-il, tout content.
Mais il n'est pas très vivant. Il lui faudrait des yeux ! »
Dès qu'il a des yeux, le bonhomme se met à regarder partout autour de lui.
Alors, Paul lui fait aussi un nez, et le bonhomme respire l'air glacé de l'hiver et il souffle de petits nuages fumants. Dès que Paul lui fait une bouche, le bonhomme lui parle :
– Oh ! Paul, s'il te plaît, fais-moi des bras et des jambes !
Vite, Paul lui fait deux bras et le bonhomme, pour le remercier, le serre contre lui bien fort. Mais quand Paul lui fait deux grosses jambes et deux pieds, le bonhomme, tout content, se sauve en courant, et Paul le suit, évidemment !

24
Mardi-Gras
FÉVRIER

Titounail l'épouvantail

Il fait nuit,
et Titounail l'épouvantail regarde avec envie
la grosse lune au-dessus de lui !...
Muuum... Elle ressemble à une crêpe sucrée !
À cet instant, arrive le jardinier.
Hop ! Hop ! Il allume un feu de bois,
fait sauter une crêpe, puis deux, puis trois !
En voilà une qui va tellement haut
qu'il ne la voit pas retomber sur le chapeau
de Titounail !
Celui-ci, quelle canaille,
ne dit rien !
Le jardinier bâille.
Pas grave ! il en refera demain !
Enfin seul, Titounail appelle les oiseaux :
– Partageons la lune tombée sur mon chapeau !
Tous ensemble se régalent et leurs yeux s'allument :
– Merci Lune !

25
Roméo
FÉVRIER

Cerise et Chocolat

Ce soir, quand maman crie « Au bain ! »
Cerise se déshabille et saute dans la baignoire.
Chocolat, lui, ne veut pas se laver !
Maman installe le gros nounours sur le rebord de la baignoire.
– C'est promis ! Je ne t'éclabousserai pas ! dit Cerise.
Mais Cerise fait des vagues dans l'eau. Elle joue au dauphin, et met la tête sous l'eau pour faire le sous-marin, et soudain… plouf ! Chocolat glisse dans l'eau.
Maman prend du savon et dit :
– Comme tu es tout mouillé, petit coquin, je vais en profiter pour te frotter de la tête aux pieds !

26
Nestor
FÉVRIER

La bûche qui ne voulait pas brûler

Il était une fois une pauvre femme qui n'avait jamais eu d'enfant, ni personne à aimer. Alors, elle avait donné tout son amour à un beau sapin qui poussait dans son jardin. Elle le taillait, lui parlait, et le serrait souvent dans ses bras. Une fois, elle avait soigné une de ses branches malades avec une pommade. C'était la branche de l'arbre qu'elle préférait, une branche qui se penchait jusqu'au sol comme si elle dansait. Pourtant, un hiver, le sapin mourut. La femme en pleurant en fit des bûches. Mais au moment de mettre dans son feu la branche de l'arbre qu'elle avait soignée, la bûche lui dit :
– Ne me brûle pas ! Pose-moi dans ta chambre, au pied de ton lit.
Et dépose sur moi, une pomme de pin que tu auras choisie.
La femme obéit. Le matin, quand elle se réveilla, la bûche était devenue un berceau et la pomme de pin, une petite fille qui faisait danser ses bras vers elle.

27
Honorine
FÉVRIER

Les délices de Réglisse

Jef, le zèbre, s'est levé de mauvais poil.
– Réglisse, dépêche-toi de me faire à manger. J'ai faim !
Réglisse cuisine mais ne dit rien.
– Tu m'entends ou quoi ? rouspète Jef.
Réglisse ne répond pas, alors Jef va bouder dans un coin.
– C'est prêt ! annonce Réglisse.
– Ah enfin ! ronchonne Jef. Mais... Des carottes râpées ? Des carottes confites ? Et un gâteau à la carotte ? Pourquoi n'y a-t-il que des carottes ?
Réglisse sourit et dit :
– Enfin Jef, c'est bien connu, manger des carottes, ça rend aimable !
Jef a bien retenu la leçon. Maintenant il dit même « merci » et « s'il te plaît » !

28
Romain
FÉVRIER

Je serai... pompier !

– Plus tard, je serai pompier ! dit Tortue.
– Pompier ? répond Lapin. Mais tu as perdu la tête !
– Et pourquoi ? Je serai belle avec mon uniforme et mon casque !
– C'est sûr ! Mais tu es tellement lente ! Comment feras-tu pour courir éteindre le feu ?
– Je monterai dans le camion, pardi !
– Et comment feras-tu pour monter sur les toits des maisons ?
– Je prendrai l'échelle, pardi !
– Et comment feras-tu pour attraper le tuyau d'eau avec tes petites pattes biscornues ?
Alors là, Tortue reste bouche cousue.
– Allez, ne t'en fais pas, dit Lapin. J'ai une idée. Tu n'auras qu'à être capitaine des pompiers. Tu resteras en bas et tu commanderas... Et pour ça, pas de doute, tu es la plus rapide !

1
Albin
MARS

Cerise et Chocolat

Aujourd'hui, Cerise a trois ans. C'est la fête dans la maison de mam' et grand-pa. Mam' a préparé un gâteau au chocolat avec trois bougies qui brillent. Une, deux, trois ! Cerise souffle les bougies et les éteint toutes les trois : « Hourra ! Joyeux anniversaire ! » De la grande armoire, grand-pa sort un énorme paquet. Cerise déchire le papier et tire la ficelle : c'est une trottinette rouge ! Cerise court dans le jardin et roule très loin, sur sa trottinette. Puis elle revient, se jette dans les bras de sa mam' et lui dit en secret :
– Maintenant, je suis grande ! Je peux partir très loin, mais j'aime encore tes câlins !

2
Charles
MARS

La gazette d'Eliot et Margaux

Gros, gros, gros… il est très gros l'hippo !
Grand, grand, grand… il est si grand l'éléphant !
Oups ! Un pas sur le côté, un de l'autre côté, le crabe s'est trompé !
Petite, mini, toute rikiki… là, c'est une jolie souris !
Long, long, long… il est drôlement long le dragon !
Plus loin, un extraterrestre discute avec un Indien.
Ici, c'est un cow-boy et un magicien !
Tout le monde est dans la rue, mais personne n'a la berlue…
Hi hi hi ! Dans leurs habits de lumière, Eliot et Margaux s'écrient :
– Vive le carnaval !

3
Guénolé
MARS

Une petite famille invisible

Émilie se promène dans la campagne avec papy. Le printemps s'annonce sur les arbres. Papy s'arrête au bord d'un champ. De drôles de poils ont été pris dans la clôture.
– Oh ! dit-il. Une famille de blaireaux habite sûrement près d'ici !...
– Oh ! J'aimerais les voir ! dit Émilie.
– C'est impossible, dit papy. Le jour, ils se cachent dans leurs terriers, et ils ne sortent que la nuit. À cette période, la maman blaireau a dû mettre au monde des petits. Au début de leur vie, ils ne voient rien : ils ont leurs yeux tout collés...
– Oh ! s'émerveille Émilie. Viens, on va dire à mamie qu'on a vu une petite famille invisible !

4
Casimir
MARS

Les bêtises de Mariboulette et Tourlourou

Mariboulette a très envie de présenter Tom, le gros chien des voisins, à ses copines. Mais comme les chiens sont interdits dans l'école, Mariboulette décide de l'y faire entrer en cachette, par la clôture du fond de la cour. Tom suivrait Mariboulette au bout du monde... Le faire sortir de chez lui est très facile. Ce matin-là, à l'école, Tom a fait pipi dans la classe et a mangé les fleurs de la leçon de botanique, mais il a adoré la récréation avec tous les enfants, et on a eu du mal à l'attraper pour le mettre dehors. Mariboulette aussi, on a eu du mal à l'attraper, pour la gronder.

5
Olivia
MARS

Dis papy, pourquoi ?

Dehors, il pleut, et Wendy s'ennuie un peu. Elle aimerait bien jouer dans le jardin, mais le soleil est très coquin.

– Dis papy, pourquoi il y a des arcs-en-ciel ?

Papy dit :

– Tu te souviens des petits nuages, qui font de longs voyages ? Eh bien parfois, ils sont comme toi. Ils ont envie de jouer et de rigoler. Mais lorsqu'il pleut beaucoup, ce n'est pas facile du tout. Alors, leurs mamans ont eu une idée. Elles ont inventé les arcs-en-ciel. Et les petits nuages peuvent glisser dessus en riant, comme sur un toboggan.

6
Colette
MARS

Camille et Timinou

Timinou adore dormir dans les placards. Le linge propre sent bon, on y fait de beaux rêves. Cette nuit, il a choisi la chambre d'amis. Quand il se réveille, tout est noir. Pas un bruit dans la maison. Timinou essaie de sortir. Horreur, la porte du placard est fermée ! Il a beau pousser avec le museau, elle refuse de s'ouvrir. Le minou s'énerve et gémit. Personne ne répond, les heures passent… En revenant de l'école, Camille s'étonne :

– Timinou, où es-tu Timinou ?

Dans la chambre d'amis, un grattement attire son attention. Elle ouvre le placard et Timinou jaillit. Il se précipite sur les genoux de Camille, se roule en boule et s'endort. Sa peur s'est envolée, il se met à ronronner…

7
Félicie
MARS

La petite chaussette marionnette

– Alors, tu es malade Lucien ? se désole la petite chaussette marionnette.
En fait, c'est la main du papa de Lucien qui la tient.
– Tu as voulu croire au printemps, alors qu'on est encore en hiver ?
– Oui, répond tristement Lucien.
– Maintenant tu dois rester au chaud, dit papa. Tu dois te reposer pour être en forme demain.
– Quelle chance ! Ne vous inquiétez pas, monsieur, dit la chaussette marionnette. Je vais dormir avec lui. Je vais lui tenir compagnie. Regardez, on n'est pas beaux tous les deux sous la couette ?

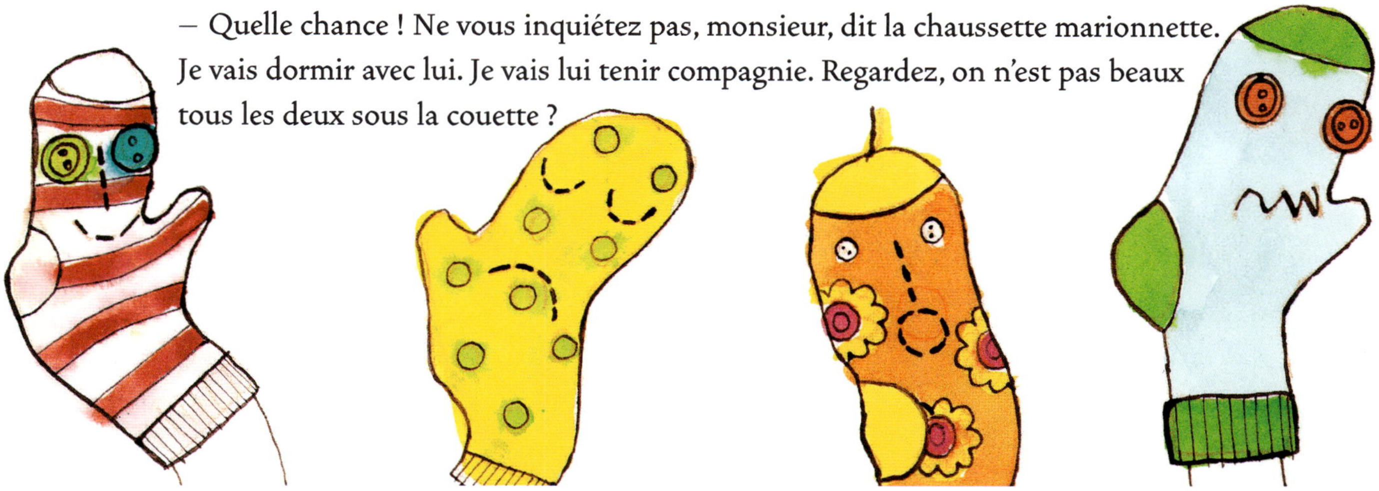

8
Ryan
MARS

Titounail l'épouvantail

Titounail l'épouvantail s'étire sous le soleil.
Mais soudain, plic plic plic, voilà la pluie,
une pluie d'eau et de grêle !
Plein d'animaux montrent alors leur nez,
prêts à jouer sous les giboulées.
Ils ont tous plein d'idées.
Vite ! vite ! vite !
Les pies font la course au plus beau collier
de ces perles qui scintillent.
Vite ! vite ! vite !
Les mulots jouent aux billes.
Ouille ! ouille ! ouille !
Les lapins font une bataille de boules.
Titounail, lui, en remplit son chapeau,
pour préparer des glaces à l'eau !
Mais soudain, voilà le soleil
et sa pluie de couleurs « arc-en-ciel ».
Tout le monde s'enfuit.
Le jeu est fini !

9
Françoise
MARS

Les fées

Une méchante femme avait deux filles : Jeanne et Margot.
Jeanne, qui lui ressemblait, était sa préférée. Elle la gâtait beaucoup et obligeait sa sœur à faire toutes les corvées.
Un matin, en revenant d'avoir été puiser de l'eau à la fontaine, Margot rencontra une mendiante qui lui demanda à boire.
La jeune fille avait bon cœur. Elle lui tendit sa cruche. Après s'être désaltérée, la mendiante, qui était une fée déguisée, déclara :
– Pour te remercier de ta gentillesse, chaque fois que tu parleras, des roses et des diamants sortiront de ta bouche.
En voyant le don de Margot, la mère dit à sa fille aînée :
– Cours chercher de l'eau à la fontaine. Et si tu rencontres une mendiante, n'oublie pas de lui donner à boire !
Jeanne obéit en ronchonnant, car elle n'aimait pas rendre service.
En revanche, l'idée de cracher des roses et des diamants lui plaisait beaucoup !
Malheureusement pour elle, ce ne fut pas une mendiante qu'elle croisa en chemin, mais une belle dame. La fée, qui était rusée, avait changé d'apparence pour la piéger. Lorsqu'elle lui demanda à boire, Jeanne l'envoya promener.
– Pour te punir de ta méchanceté, chaque fois que tu parleras, des grenouilles, des crapauds et des serpents sortiront de ta bouche ! lui dit alors la fée.
Peu après, le fils du roi, ébloui par le don de Margot, l'épousa. Quant à Jeanne et à sa méchante mère, elles s'installèrent près d'un étang et devinrent éleveuses de grenouilles, de crapauds et de serpents. Quel vilain métier !

10
Vivien
MARS

La famille Zinzin

Maman a trouvé des poux dans les cheveux de Diane. Elle lui a aspergé la tête de produit pour les tuer et lui a enfilé un affreux bonnet bleu marine. Diane ne veut pas sortir avec ça sur la tête. C'est beaucoup trop laid.
– Je ne veux pas aller à l'école ! pleurniche-t-elle.
– Je vais t'aider, propose Agathe, son tiroir à malice sous le bras.
Les deux filles s'enferment dans la chambre, et en ressortent dix minutes plus tard. Diane a retrouvé le sourire. Mieux encore, elle défile fièrement pour faire admirer son bonnet transformé en un magnifique turban de princesse orientale.

11
Rosine
MARS

Je serai... marchand de sable !

Quand je serai grand, je serai marchand de sable.
Tout en haut dans le ciel, je grimperai sur mon petit nuage blanc. Et puis je lancerai du sable dans les yeux des parents. Comme ça, ils s'endormiront tout doucement pendant que leurs enfants feront tout ce qu'ils voudront ! Ils ne seront pas obligés de se laver les dents avant de se coucher. Ils pourront passer la nuit devant la télé à grignoter des céréales sucrées. Ils pourront crier « caca boudin » et « crotte de lapin ». Et rire toute la nuit en sautant sur les lits ! Et le matin ? Eh bien le matin, ils seront si fatigués qu'ils iront... se coucher. Plus tard, je serai marchand de sable.
Tout en haut dans le ciel, je grimperai sur mon nuage blanc et, finalement, je lancerai du sable aussi... dans les yeux des enfants.

12
Justine
MARS

Dis papy, pourquoi ?

Comme chaque mercredi, le papy de Wendy ouvre son grand livre de contes. Assise tout près, Wendy écoute attentivement l'histoire d'un ogre.
– Dis papy, pourquoi les ogres n'aiment pas les enfants ?
Papy secoue la tête :
– Alors ça, c'est très simple. Lorsqu'un ogre est enfant, et qu'il va à l'école, tout le monde se moque de lui. « Tu es trop grand ! », rient les autres enfants. Ou alors : « T'es vilain, passe ton chemin ! » Du coup, en grandissant, les ogres détestent les enfants.
– C'est pas bien de se moquer ! dit Wendy, les bras croisés.

13
Rodrigue
MARS

Titounail l'épouvantail

Agla gla gla… Titounail l'épouvantail
frissonne sous son chapeau de paille.
Clac clac clac… Le bruit de ses dents
résonne dans le grand paysage blanc.
Quel froid !
Titounail ne peut rester comme ça !
Ho hisse… Il tire sur ses bras, tire sur son pied,
tire tant et si bien qu'il sort de la terre gelée.
Toc toc toc !… Il rebondit, saute de joie,
danse, rit et chante à tout va !
Il fait tant de bruit que, tour à tour, il réveille :
les arbres, les oiseaux, le soleil
et la petite fleur blanche qui perce la neige !
En chantant, en dansant,
Titounail l'épouvantail a fait venir… le printemps !

14
Mathilde
MARS

Cerise et Chocolat

Cet après-midi, Cerise se promène au parc avec papa.
– Papa, et si on jouait au loup ?
Et zou ! Cerise court se cacher derrière un arbre, avec Chocolat.
Papa approche à grands pas. Il fait : « Hou ! Je suis le loup ! ». Cerise s'enfuit.
Mais papa l'attrape et dit :
– Je vais te croquer !
– Non ! crie Cerise ravie. Croque plutôt Chocolat !
– Mais où est-il Chocolat ? demande soudain papa inquiet.
Cerise et Papa retournent vite, vite sur leurs pas, mais Chocolat a disparu.
– Il est peut-être parti en voyage... explique Papa.
– Alors, j'espère qu'il reviendra vite, dit Cerise en retenant ses larmes.

15
Louise
MARS

La pâquerette sur sa tige

Enfin l'hiver est fini, on sent le printemps qui arrive.
Les graines germent sous la terre. Les fleurs sortent leurs petites têtes.
Alexis traverse un pré avec son petit chien Nouki.
Derrière, sa maman les suit. Il voit une pâquerette qui tend sa tête sur sa tige.
Elle est vraiment très jolie ! Il se penche pour la cueillir.
– Oh non ! Laisse-la grandir ! dit sa mère. Elle mourra vite dans un verre.
Elle est bien mieux sous le ciel...
Alors Alexis la laisse, et, en silence, d'une petite voix invisible,
la petite fleur chuchote :
– Merci.

16
Bénédicte
MARS

La famille Zinzin

– Venez voir ! Félix est un génie !
Agathe n'en revient pas. Assis devant la télévision, une télécommande à la main, Félix joue avec un jeu vidéo. C'est un jeu de tennis où il faut renvoyer la balle à l'adversaire. Et Félix y arrive parfaitement !
– Incroyable ! s'exclame maman.
– Formidable ! s'extasie papa.
– Dire qu'il n'a qu'un an et demi, souligne Agathe.
Félix renvoie la balle, encore et encore. Mais bientôt, il se lasse. Alors, il laisse de côté la télécommande et s'en va jouer ailleurs. Pendant ce temps, le jeu continue... tout seul ! Car la partie enregistrée n'est toujours pas terminée !

17
Patrice
MARS

Camille et Timinou

Timinou part à l'aventure. Il traverse la pelouse en rampant comme un lion et franchit le portail. Le voici dans la rue. Le trottoir est plein d'odeurs étranges, c'est amusant ! Et la route, que sent-elle ? Timinou avance sans regarder devant lui. C'est alors qu'un bruit de Klaxon déchire le silence. Un énorme monstre de fer fonce sur le matou. Timinou est terrifié. Il bondit en arrière et retombe lourdement sur ses pattes. La voiture le frôle de très près, sans même le remarquer. Ouf, Timinou est sauvé. Tremblant de tous ses membres, il va se réfugier dans la chambre de Camille. Tant pis pour l'aventure ! Il deviendra un lion, mais dans ses rêves.

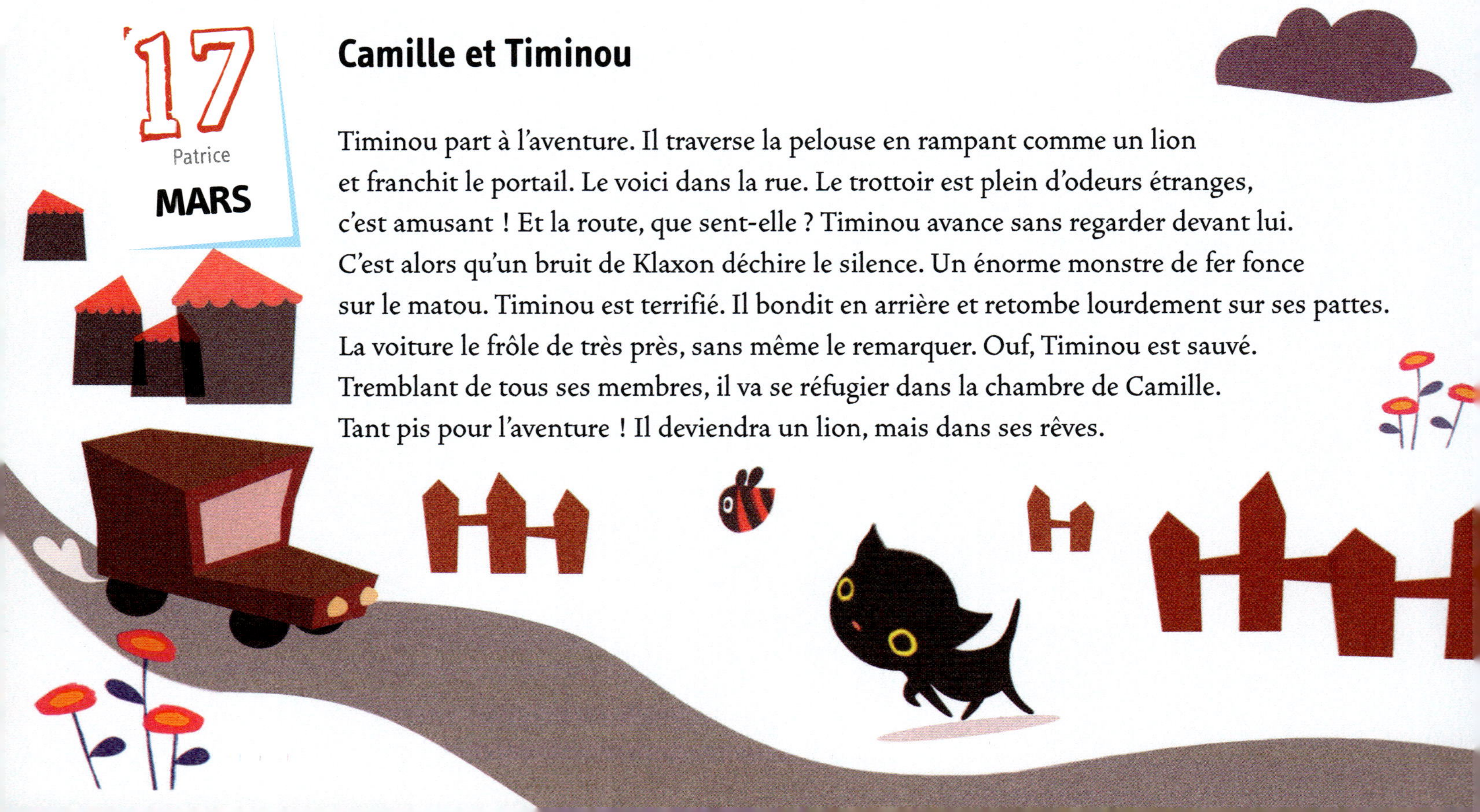

18
Cyrille
MARS

Les délices de Réglisse

Aujourd'hui, Réglisse, le ouistiti, a un invité de marque à sa table : Léo, le roi des animaux ! Réglisse réfléchit longtemps à ce qu'il va faire. Il ne veut pas décevoir le roi.
– Ça y est ! J'ai trouvé ! s'exclame-t-il enfin.
Réglisse s'affaire dans sa cuisine. Du poivre par-ci, du sel par-là.
Quelques minutes plus tard, il a terminé.
– J'ai une faim de loup ! Que m'as-tu préparé ? demande le roi.
– Coquillettes jambon fromage ! annonce Réglisse.
Léo reste bouche bée... Ce repas n'est pas digne d'un roi.
Va-t-il se fâcher ? Mais non ! Tout ému, Léo dit :
– C'est le plat que me cuisinait ma maman quand j'étais enfant.
Ce soir-là, le roi a dévoré. Il en a même redemandé !

19
Joseph
MARS

Les bêtises de Mariboulette et Tourlourou

– Maman ! Est-ce que c'est un gros mot « patate pourrite » ?
– Heu... Eh bien... Non... Pas vraiment...
– Et « cornichon vomi » ?
– Mmh... Ce n'est pas très aimable, mais non, ce n'est pas un gros mot...
– Et « caca mou » ?
– Heurk... C'est un peu dégoûtant, mais ce n'est pas non plus un vrai gros mot...
Mariboulette retourne dans sa chambre et lance à son frère :
– Tourlourou ! J'ai le droit de te traiter de « caca mou » ! Maman dit que ce n'est pas un gros mot ! Alors t'as rien à dire ! Et d'ailleurs, t'es aussi un cornichon vomi !

C'EST LE PRINTEMPS !

20
Printemps
MARS

L'ourson Caramel

Ce matin-là, Caramel ouvre les yeux. Il s'étire.
– Ouhaaaa ! Je suis en pleine forme !
Il aperçoit un paquet dans un coin de la grotte.
– Mon cadeau de Noël !
Caramel déchire le papier doré à grands coups de griffes.
– Des jumelles ! Merci Père Noël !
Et tout guilleret, le petit ours quitte sa tanière.
Dehors, flotte un léger parfum de printemps. Le soleil brille, les oiseaux chantent.
Avec ses jumelles, Caramel observe les alentours. Il aperçoit ses amis Canine et Plumeau qui jouent au bord de la rivière. Il court les rejoindre.
– Caramel ! Tu es réveillé ! s'écrie Canine.
– Comme tu es maigrichon ! s'étonne Plumeau. Regarde !
Caramel se penche au-dessus de la rivière et éclate de rire.
– On dirait que ce n'est pas moi ! J'ai faim ! Qu'est-ce qu'il y a à manger dans le coin ?
– Pas de poissons en vue, annonce Plumeau, le museau dans l'eau.
Caramel ajuste ses jumelles et repère un tronc d'arbre.
Il y va en trottinant et plante son nez dedans.
– Mmm ! Une fourmilière !
L'ours gratte l'écorce et mange les insectes. Miam !
Soudain, il voit passer une musaraigne et se lance à sa poursuite.
La musaraigne bondit dans les fourrés. Caramel fouille dans les hautes herbes, sans se rendre compte que le terrain est en pente.
Et zip ! Il glisse ! Emporté par son poids, l'ours roule comme un ballon, et atterrit brutalement le nez dans un étang. Couvert d'épines et tout étourdi, notre ours n'en est pas moins ravi, car juste devant lui, un gros poisson frétille.
Un coup de griffes, et Caramel s'en saisit !
– Bon appétit ! s'écrient ses amis.

21 MARS
Clémence

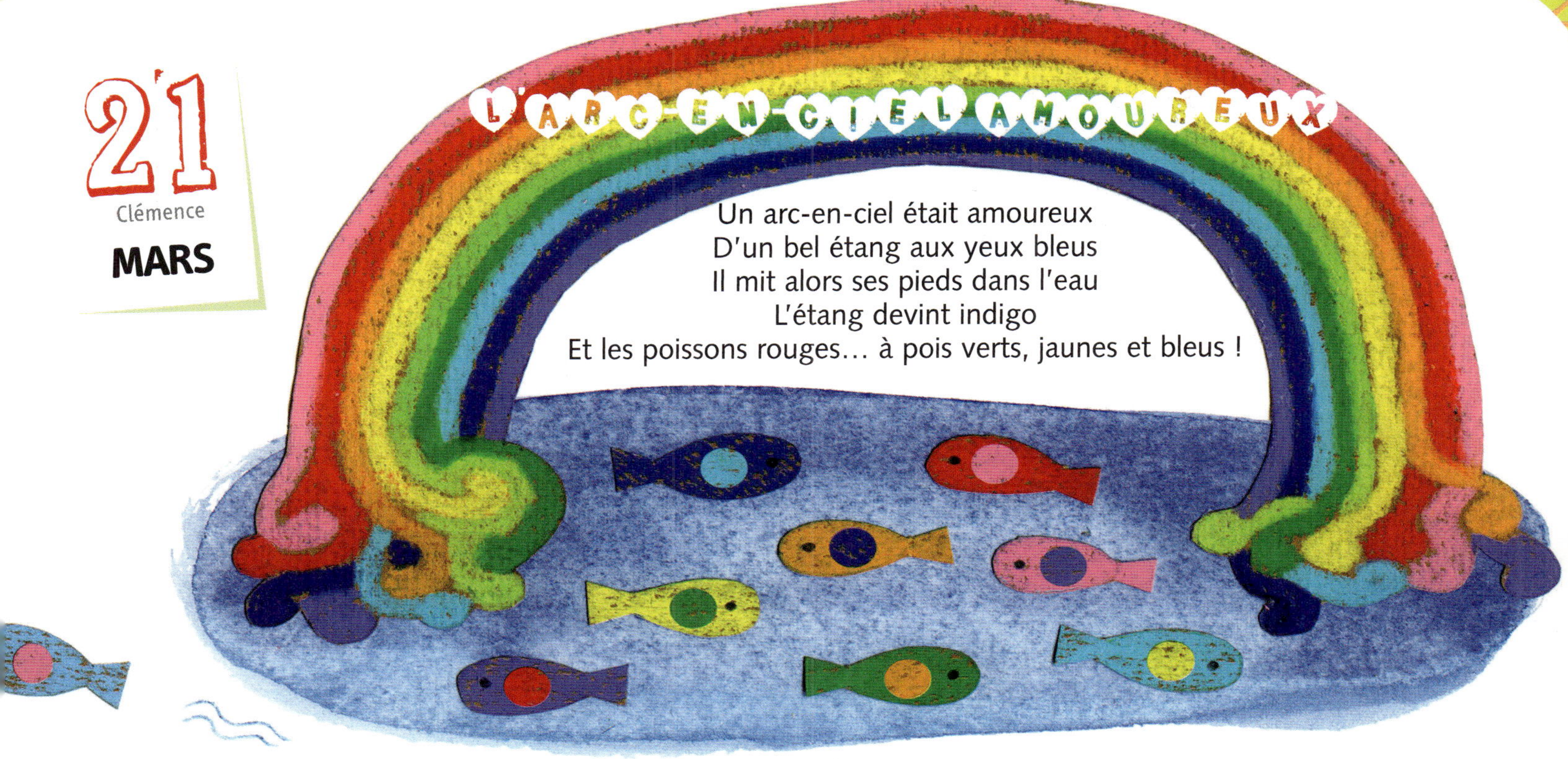

L'ARC-EN-CIEL AMOUREUX

Un arc-en-ciel était amoureux
D'un bel étang aux yeux bleus
Il mit alors ses pieds dans l'eau
L'étang devint indigo
Et les poissons rouges… à pois verts, jaunes et bleus !

22 MARS
Léa

Les gâteaux de Lily

Maman a du courrier dans son sac et Lily a des gâteaux dans son panier.Sur le chemin, un chien gris les suit. Il a senti les gâteaux de Lily. Il voudrait les manger. Lily rit.
– Non, chien ! Les gâteaux ne sont pas pour toi. Ils sont pour ma copine Jessie !
Lily et maman arrivent devant la poste. Maman dit :
– Attends-moi sur ce gros caillou, Lily. J'en ai pour une seconde.
Mais le chien gris approche. Il renifle le panier de Lily. Et voilà un chien jaune, un noir et un marron aussi. Les chiens bousculent Lily pour manger les gâteaux. Ils montrent les dents. Lily a peur. Elle se met debout sur le caillou.
Mais les chiens sautent pour attraper le panier. Alors Lily jette ses gâteaux, très loin. Les chiens se jettent dessus et ils mangent tout ! Quand maman revient, Lily est assise sur le caillou, son panier vide sur les genoux. Elle montre en pleurant les chiens qui s'éloignent. La pâtissière sort de sa boutique. Elle a tout vu.
Elle dit à Lily :
– Pour te consoler, je t'invite à manger des gâteaux dans ma pâtisserie !

23
Rébecca
MARS

Le petit pêcheur de Lune

Il était une fois un petit humain minuscule qui rêvait de pêcher l'immense lune. Une nuit, alors que la lune était descendue sur terre pour se baigner dans la mer, il s'approcha sans bruit, jeta sa ligne si loin au milieu des vagues qu'il réussit à accrocher la lune à son hameçon. Il la ramena sur la plage en tirant très fort sur sa canne.

– Oh là là, se dit-il ! Comme elle est lourde la lune ! Mais comme je suis fort et malin !

Et il cria dans la nuit : – J'ai pêché la lune !

Mais la lune, une fois séchée, s'éleva tranquillement dans la nuit, de toute sa force céleste.

Quand elle fut au milieu de la voie lactée, elle cria toute joyeuse aux étoiles :

– Regardez, regardez ! J'ai pêché un petit humain !

24
Catherine de Suède
MARS

Je serai... marin !

– Quand je serai grande, dit Girafe, je serai marin et je ferai le tour du monde !

– Ha ha ha ! rit Lionceau. Mais tu es déjà grande !

– Je veux dire quand je serai grande grande ! Que je serai mariée avec Hippopotame, mon amoureux, et que j'aurai plein de bébés.

– Et tu feras grimper Hippo sur ton bateau ? Mais avec son poids, ton bateau coulera !

Girafe se gratte la tête :

– Je n'avais pas pensé à ça !

Elle se frotte le menton :

– J'ai une idée. D'ici là, je vais l'obliger à maigrir... Le faire courir toute la journée et lui cuisiner des feuilles de bananier séchées.

– Moi, j'ai une meilleure idée, dit Lionceau en rougissant légèrement. Si tu te mariais avec moi...

– Ha ha ha ! rit Girafe. Toi tu n'es peut-être pas gros mais... tu as peur de l'eau !

25
Humbert
MARS

La souris du placard

Une souris gourmande s'est installée dans le placard des gâteaux,
des bonbons et du chocolat, le placard que je préfère !
Avec ses petites pattes de souris, elle déchire les paquets, et elle déplie les papiers.
Avec ses petites quenottes, elle fait des trous dans les boîtes, et elle mange,
elle mange, elle mange ! Elle ne me laisse rien du tout.
C'est une souris très énervante ! Je voudrais bien m'en débarrasser.
Alors, je monte la garde près du placard et quand je l'entends grignoter...
Vlan ! J'ouvre grand la porte du placard et je me jette sur une boîte de gâteaux
que j'ai vue bouger ! Je suis sûre que la souris est à l'intérieur.
Mais cette souris est si rapide que j'ai à peine le temps de l'apercevoir
que... flout ! elle se sauve en traçant au-dessus de ma bouche
des moustaches avec la pointe de sa queue pleine de chocolat !
Quand maman se précipite, je tiens dans mes mains la boîte vide !
Et c'est moi qui me fais gronder d'avoir tout mangé.
Alors ça, c'est trop fort ! J'ai beau lui parler de la souris du placard,
maman ne veut pas me croire !

26
Larissa
MARS

L'ourson Caramel

Cette nuit-là, le vent se lève. Tapi dans sa grotte, Caramel frissonne…
L'orage approche. Soudain, braoummmmm ! Le tonnerre retentit !
Caramel jette un œil dehors. Le vent hurle et les arbres dansent bizarrement.
Tout à coup, Caramel aperçoit une ombre qui rampe. Il se réfugie
au fond de sa grotte. L'ombre entre doucement…
– Hiiiiii !
– Haaaa !
– Caramel ! C'est moi !
– Canine ? Que fais-tu là ?
– C'est inondé chez moi. Tu m'héberges pour la nuit ?
– Oui, oui, entre vite, dit Caramel ravi d'avoir une amie
pour affronter l'orage et la nuit.

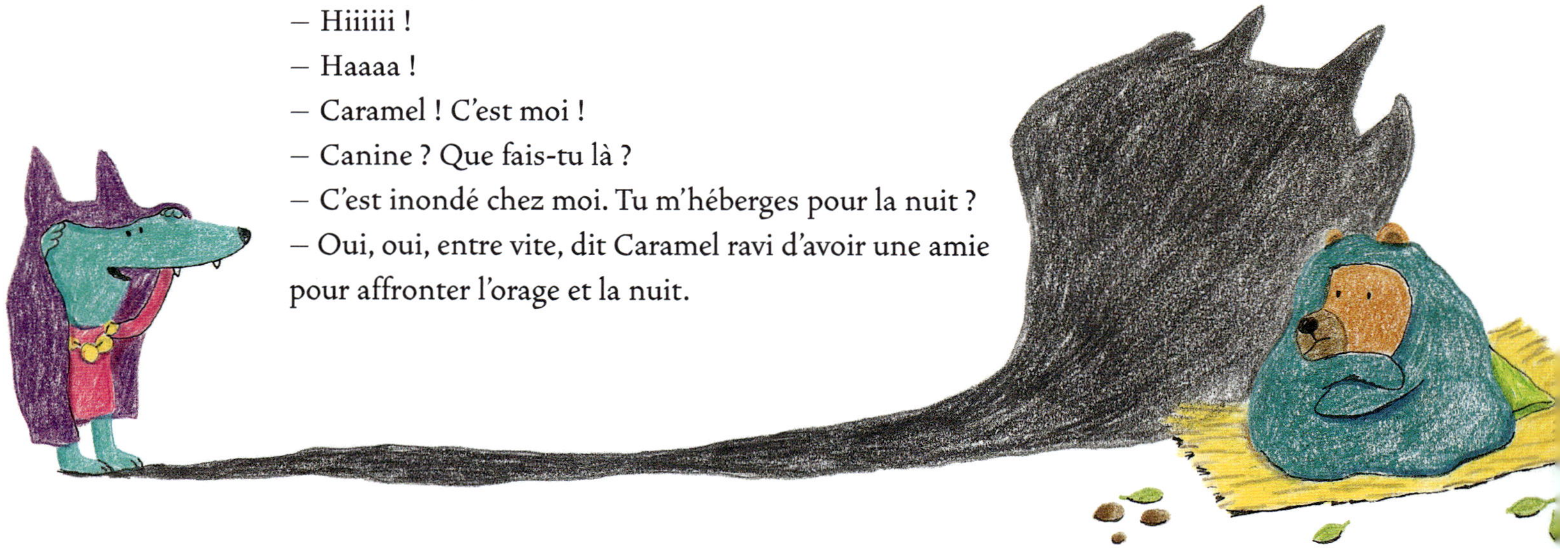

27
Habib
MARS

L'ourson Caramel

Cette nuit d'orage est vraiment terrible.
La pluie transforme peu à peu la grotte de Caramel en étang !
– Nous ne pouvons pas rester ici, murmure l'ours apeuré et glacé.
Caramel et Canine, la petite louve, veulent quitter la tanière. Mais la foudre s'abat
sur le vieux chêne devant la grotte. L'arbre tombe, condamnant l'entrée.
– Catastrophe ! Nous voilà prisonniers ! Et l'eau qui monte encore !
Vite, Caramel et Canine empilent tout ce qu'ils trouvent. Ils se réfugient
sur cet îlot improvisé… Les heures passent, l'orage se tait enfin et l'eau redescend.
Canine et Caramel bondissent vers l'entrée.
– Au secouuurs ! Aidez-nous ! Nous sommes prisonniers !
Personne ne répond.
– Nous allons creuser pour sortir, décide Caramel.
Aussitôt dit, aussitôt fait. Ils creusent un tunnel pour passer
sous le chêne. Enfin, les voilà dehors au soleil !

28
Gontran
MARS

JARDIN SECRET

Dans mon jardin secret
J'ai planté
Trois petites graines d'amitié
Elles ont grandi
Grandi
Grandi
M'ont donné tout plein d'amis
Pour faire la ronde aujourd'hui
Y aura-t-il un amoureux parmi ?

29
Gwladys
MARS

Dis maman, c'est vrai que... ?

– Dis maman, le Grand Méchant Loup, c'est vrai qu'il est méchant ?
– Oh, oui Croque-Chou ! Il dévore les petits lapins tout crus !
– Et l'Abominable Homme des Neiges ? Il est vraiment abominable ?
– Terrible ! Si un jour tu croises son chemin, prends vite tes pattes à ton cou !
– Et les renards, est-ce qu'ils sont tous aussi malins qu'on le dit ?
– Et comment ! Ils sont menteurs, rusés et croquent les lapereaux à pleines dents !
– Et les ogres ? Qu'est-ce qu'ils font ?
– Ils dévorent tout ce qu'ils trouvent sur leur chemin ! Y compris les petits lapins !
– Maman, est-ce qu'il existe de gentils dragons ?
– Bien sûr que non ! Les dragons crachent des flammes immenses !
– Ooooh ! Tu en sais des choses maman !
Maman sourit. Croque-Chou poursuit :
– Tu as déjà rencontré le Grand Méchant Loup ? Et l'Abominable Homme des Neiges ? Et les renards ? Et...
– Non, mon chéri.
– Mais alors, comment sais-tu qu'ils sont tous si méchants ?

30
Amédée
MARS

Petite mamie et Grosse mamie

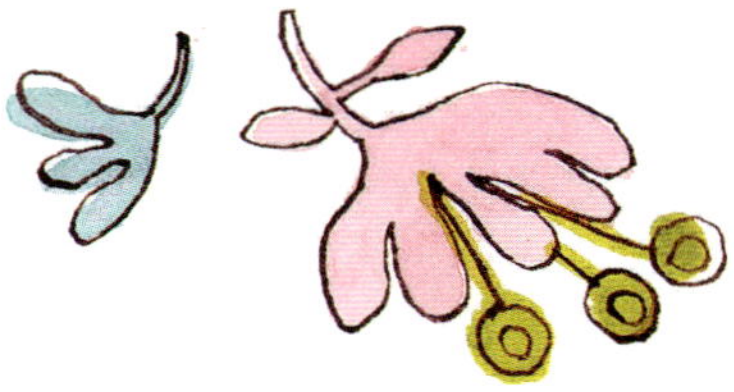

Mathéo a deux mamies : une toute petite que Mathéo nomme « Petite mamie », et une un peu grosse que Mathéo nomme « Grosse mamie ».
Petite Mamie habite très loin, dans un autre pays.
Alors, elle vient seulement à Noël, mais téléphone chaque mercredi.
– Bonjour, Petite mamie ! dit Mathéo en serrant très fort le téléphone chaque mercredi.
Par contre, Grosse mamie habite tout près, dans la rue d'à côté.
Alors, elle ne téléphone jamais, mais elle vient tous les samedis.
– Bonjour Grosse mamie ! dit Mathéo en serrant très fort sa Grosse mamie chaque samedi.

31
Benjamin
MARS

Les délices de Réglisse

Réglisse est tout content : sa jolie Guimauve revient aujourd'hui de son long voyage.
Pour l'occasion, il lui a cuisiné ses plats préférés : soupe de brocolis, tourte d'ignames et beignets au sésame.
Quand Guimauve arrive, elle lui saute dans les bras.
Puis elle dit tout bas :
– J'ai un petit cadeau pour toi !
Réglisse se dépêche d'ouvrir le paquet,
et qu'est-ce qu'il y a dedans ?
Un joli cœur pastel en guimauve !
– Je l'ai tressé en pensant à toi ! sourit Guimauve.
Clic-clic ! Les amoureux se sont fait
un petit clin d'œil et clic-clac !
ont vite refermé la porte…

1
Hugues
AVRIL

La famille Zinzin

Ce matin, Barnabé a disparu très tôt dans le fond du jardin, un bout de bois et de la ficelle à la main. Personne ne sait ce qu'il fricote et l'on s'attend au pire. Dans la famille Zinzin, Barnabé est le plus farceur. Or, aujourd'hui, c'est le 1er avril, le jour des blagues. Barnabé mijote certainement quelque chose. Mais quoi ?
Pendant ce temps, tous les enfants accrochent le plus discrètement possible leur poisson d'avril dans le dos de maman.
– Hi hi hi ! rigole Étienne. Maman a quatre poissons dans le dos.
– Elle n'a rien vu ! pouffe Diane en regardant maman s'occuper de la maison et des enfants comme si de rien n'était.
Quand Barnabé revient enfin, il s'approche de maman avec un air mystérieux, lui fait un gros câlin et en profite pour lui accrocher son poisson dans le dos. Ni vu ni connu !
La journée passe et maman ne s'aperçoit toujours de rien. Désormais, elle a cinq poissons dans le dos.
Vers quatre heures pourtant, elle relève la tête et grimace.
– Ça ne sent pas bon tout à coup, dit-elle. Vous ne sentez rien, les enfants ?
– Pouah ! s'exclame Agathe en se bouchant le nez.
– Quelle odeur ! s'écrie Diane.
– Ça sent le poisson pourri ! lance Célestine.
Maman glisse alors la main dans son dos et pousse un cri.
– Ah ! J'ai quelque chose de gluant dans le dos !
– Poisson d'avril ! crie fièrement Barnabé.
– Mais qu'est-ce que... ? demande maman éberluée.
– C'est un poisson d'avril, déclare Barnabé en détachant le poisson qu'il a accroché dans le dos de maman. Un vrai poisson pêché le 1er avril !

2
Sandrine
AVRIL

Cerise et Chocolat

Depuis qu'elle a perdu son Chocolat, Cerise est triste. À chaque fois qu'elle revient au parc, elle cherche son doudou partout : dans les buissons, dans la cabane des enfants… Mais pas de Chocolat. Sans son doudou, Cerise n'a pas envie de jouer, ni sur le toboggan, ni à la balançoire. C'est le printemps et pourtant, Cerise a le cœur comme en hiver. Dans un chêne, un petit oiseau se met à chanter. Cerise lève la tête pour le regarder et elle aperçoit Chocolat, accroché à une branche ! Maman a vite fait de décrocher le doudou et Cerise serre fort Chocolat dans ses bras.

– Alors c'était beau ton voyage ? Ici, depuis que tu es parti, tout a changé : il y a des fleurs partout. C'est la magie du printemps !

3
Richard
AVRIL

Je serai… cosmonaute !

– Moi, plus tard, dit Chauve-Souris, je serai cosmonaute. Je monterai dans une fusée et je m'envolerai pour un voyage autour de la Terre.

– C'est pour ça que tu as toujours la tête en bas ? demande Petit Hibou. Tu t'entraînes pour ton futur métier ?

– Oui, c'est exactement ça !

– Dis, Chauve-Souris, est-ce que je pourrais venir avec toi ?

– Je n'y avais pas pensé ! Mais tu pourrais faire un très bon radar et repérer les trous noirs.

– Je ne veux pas être un radar à trous noirs ! s'exclame Hibou vexé. Je veux être ton ami, ton copain, celui que tu préfères… comme sur la Terre !

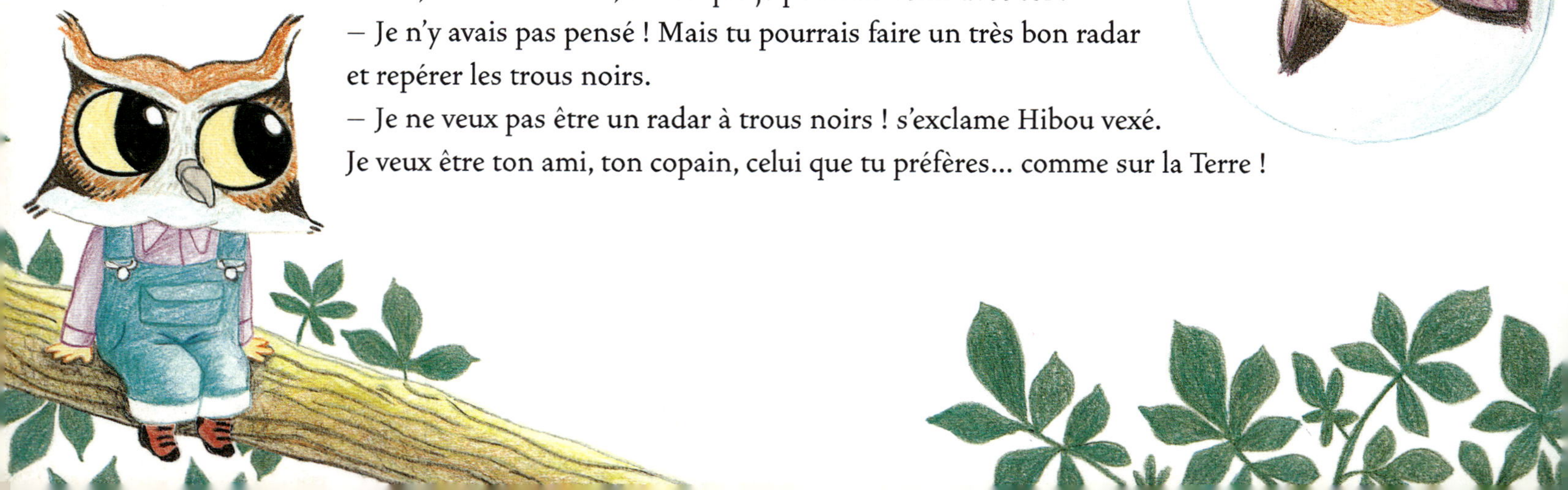

4
Isidore
AVRIL

Les délices de Réglisse

Toute la journée, Réglisse, le petit ouistiti, a mitonné de délicieux œufs en chocolat : des gros, des petits, fourrés, peints et enrubannés ! Il les cache dans les bosquets, les arbres et les haies.

– À vos marques ! Prêts ? Partez ! crie-t-il à ses petits amis.

Ceux-ci courent dans tous les sens à la recherche d'œufs en chocolat.

– J'en ai un ! crie Titigre.

– Et moi j'en ai deux ! s'exclame Timéo.

La chasse va bon train, le panier est déjà presque rempli !

Et ça continue, Titigre en ramène plein les bras ! Le panier déborde maintenant !

Réglisse commence à tiquer : « C'est étrange, il ne me semble pas en avoir fait autant ! »

Il s'approche et qu'est-ce qu'il voit ? De gros œufs blancs et des petits mouchetés...

– Je les ai trouvés dans le nid tout là-haut... Ils n'étaient pas très bien cachés ! dit Titigre.

– Et moi, il ne m'a même pas fallu une minute pour les dénicher ! s'exclame Timéo en brandissant un bel œuf blanc.

« Aïe aïe aïe ! pense Réglisse. C'est le début des ennuis ! »

– Ce sont de vrais œufs, les enfants ! Allez vite les rendre à leur maman !

Par chance, Mmes Croco et Toucan sont absentes pour le moment.

Les petits amis du ouistiti peuvent donc remettre les œufs tranquillement.

« Ouf ! se dit Réglisse. Tout s'arrange finalement ! »

Le printemps passe... Les mamans attendent avec impatience que leurs œufs éclosent.

Quand soudain, crrrrrac ! Mme Croco est bien étonnée de découvrir un bébé croco avec un énorme... bec de toucan.

De son côté, Mme Toucan ne peut s'expliquer pourquoi son bébé est tout vert avec des grosses dents.

5
Irène
AVRIL

Dis papy, pourquoi ?

Wendy adore jouer dehors, lorsqu'il fait beau. Dans le jardin de papy, il y a plein d'insectes rigolos.
– Dis papy, pourquoi les coccinelles ont des points ?
Papy est très malin :
– Hum, il y a bien longtemps, les coccinelles n'avaient pas de points. Et une coccinelle très coquette se trouvait bien tristounette ! Alors, un jour, elle a eu une idée : elle a décidé de se maquiller. Un petit point par-ci, un petit point par-là, c'était beaucoup plus joli comme ça. Et les autres coccinelles, emballées, lui ont vite chipé son idée.

6
Marcellin
AVRIL

L'ourson Caramel

Ce matin-là, Caramel décide d'aller pêcher. Il sort de chez lui et file à la rivière. En chemin, il croise une petite ourse.
– Bonjour, dit-il timidement. Je, je… m'appelle Caramel. Et toi ?
– Myrtille, répond-elle en battant des cils.
Caramel rougit. Il tombe amoureux d'un coup.
– Attends-moi ici, dit-il.
Il file au bord de l'eau et y plonge son museau. Hop ! Il attrape une truite.
Fier de lui, il offre le poisson à Myrtille et retourne pêcher.
Mais, zip ! Caramel glisse et, plouf ! tombe à l'eau !
Myrtille éclate de rire.
– Une truite ça suffira ! Viens donc la partager avec moi !
Caramel suit sa nouvelle amie, un peu vexé, mais finalement heureux.

7
Jean-Baptiste
AVRIL

Les bêtises de Mariboulette et Tourlourou

Comme maman arrosait ses plantes et qu'elles croissaient à vue d'œil, Tourlourou, qui en avait marre d'avoir une sœur si petite à qui on ne pouvait jamais rien dire, décida de la planter en terre et de l'arroser pour qu'elle pousse plus vite, elle aussi. Mais, noyée sous le jet d'eau froide, la peau de Mariboulette se fripa comme quand elle restait trop longtemps dans son bain.
Pire que tout : ainsi flétrie, elle avait l'air encore plus petite qu'avant.
Tourlourou s'indigna :
– Mariboulette ne veut pas grandir, même quand je l'arrose !
Il ne comprit pas bien pourquoi maman le gronda.
Est-ce qu'on gronde la pluie ?

8
Julie
AVRIL

Le loup et les trois fillettes

– Hou hou hou ! Je suis le loup ! crie le loup en fonçant sur trois fillettes qui jouent.
– Pouah ! Le loup, tu pues du bec ! dit l'une en lui donnant un « bonbec » à la menthe.
Le loup reste bouche bée. On ne lui a jamais parlé ainsi !
– Hé ! Le loup ! Ta maman ne t'a pas appris à dire merci ? dit l'autre en lui tirant la queue.
– Ouille ! gémit le loup.
– Oh ! Regardez ses gros pieds tout poilus ! pouffe la troisième.
– Qu'est-ce qu'il est drôle ce loup ! se moquent les trois fillettes.
Le loup part bien vite en courant. Il se dit que les enfants ne sont plus comme avant… et qu'il ferait mieux d'aller embêter les trois petits cochons.

9
Gautier
AVRIL

Les délices de Réglisse

Dans sa cuisine, Réglisse prépare un rôti et un gâteau.
Hop ! Il verse la moutarde sur le rôti.
– Oh ! Ce n'est pas de la moutarde mais de la confiture ! s'étonne Réglisse.
Sur le gâteau, Réglisse veut mettre de la confiture.
– Mais... c'est de la moutarde ! se désole-t-il.
Réglisse se demande bien qui a pu mélanger tous ses pots !
– Poisson d'avril ! crient en chœur ses amis.
– Vous m'avez bien eu ! rigole Réglisse. Pour la peine,
je vous invite tous à manger !
Au menu : rôti à la confiture et gâteau à la moutarde !
– Non merci ! ont dit les amis, qui sont bien vite repartis.
– Je les ai bien eus moi aussi ! a ri le petit ouistiti.

10
Fulbert
AVRIL

Titounail l'épouvantail

Quand le printemps est là, du matin au soir,
c'est un vrai tintamarre !
Cui cui… pépient les petits oiseaux.
Cot cot… les poules pondent des cocos tout chauds.
Coucou ! coucou ! sifflote comme un fou
le coucou.
Bzzz bzzz… le bourdon bourdonne
et le papillon papillonne !
Mais ce que Titounail l'épouvantail préfère,
c'est le chahut des marmottes après l'hiver
et surtout, surtout…
le jardinier qui chante à perdre haleine
en semant ses graines :
– Savez-vous planter les choux,
à la mode de chez nous ?
Il chante tellement faux !
C'est vraiment rigolo !
Et quand vient la nuit ?
Plus de bruit ? Si !
Ronflonflon… Titounail ronflotte !
Quel boucan ! Saperlotte !

11
Stanislas
AVRIL

Raiponce

Une femme qui attendait un enfant eut envie de raiponces, ces fleurs printanières que l'on mange en salade. Comme il y en avait dans un jardin voisin, son mari y entra en cachette pour les cueillir.
Mais la propriétaire du jardin le surprit. C'était une sorcière.
– Je veux bien te donner mes raiponces, à une seule condition, lui dit-elle. Si ta femme met au monde une fille, elle sera à moi.
Le mari, convaincu qu'il aurait un garçon, accepta. Mais il eut une fille.
La sorcière la prit et la nomma Raiponce.
Quand Raiponce eut quinze ans, la sorcière l'enferma dans une haute tour, sans porte ni fenêtres. Pour lui rendre visite, elle lui criait :
– Petite, envoie-moi tes cheveux !
Docilement, la jeune fille laissait pendre ses longues nattes d'or du haut du donjon. La sorcière s'y agrippait et se hissait jusqu'à elle.
Un jour, le fils du roi surprit leur manège. Il tomba amoureux de la belle prisonnière et, dès que la sorcière fut partie, il cria à son tour :
– Petite, envoie-moi tes cheveux !
Imaginez la joie de Raiponce quand apparut un prince charmant à la place de la vieille sorcière !
Ils prirent l'habitude de se voir chaque jour. Hélas, la sorcière se douta de quelque chose. Un jour, au lieu de s'en aller, elle se cacha dans un coin du donjon. Et lorsque le prince fut suspendu aux nattes de Raiponce, elle les coupa. Le prince tomba dans le vide et devint aveugle.
Pour punir Raiponce, la sorcière l'abandonna au fond d'un bois aussi sombre que la nuit. Cependant le fils du roi cherchait sa bien-aimée.
Comme il avait appris à se diriger dans le noir, il pénétra dans le bois et l'entendit pleurer.
– Raiponce, est-ce toi ? cria-t-il, le cœur battant.
Elle reconnut sa voix et se jeta dans ses bras. Ses larmes coulèrent sur les paupières du prince qui, aussitôt, retrouva la vue.
Il emmena sa fiancée au palais du roi où ils purent enfin s'aimer au grand jour !

12
Jules
AVRIL

La famille Zinzin

Dans la chambre de Diane et d'Étienne, on ne retrouve rien. Les poupées sont rangées avec les voitures, les cubes avec les livres, les puzzles avec les doudous.
– Grand concours de bazar ! lance papa. Celui qui met le plus de jouets par terre a gagné.
Les jumeaux ne se font pas prier : ils déversent leurs jouets dans la chambre.
C'est follement amusant !
– Ma perceuse électrique ! s'exclame Étienne.
– Ma fée ! applaudit Diane.
Petit à petit, les jumeaux retrouvent des jouets perdus depuis longtemps.
Petit à petit, la montagne de bazar disparaît.
Si bien que, après le concours de bazar, la chambre est parfaitement rangée !

13
Ida
AVRIL

Le loup et les trois petits cochons

Les trois petits cochons habitent maintenant une grande maison.
– Hé hé hé ! ricane le loup. Je vais souffler trois coups et le toit va s'envoler !
Le loup souffle une fois, deux fois, trois fois… de plus en plus fort…
mais rien ne bouge, pas même l'ombre d'un rideau.
– Tiens ! Salut le loup ! crie un petit cochon du haut de son balcon.
– Tu vas bien ? Tu es tout rouge ! dit le deuxième petit cochon.
– Comment trouves-tu notre nouvelle maison ? demande le troisième.
Les murs sont blindés et le toit est collé à la superglu !
Le loup, vexé, s'en va en ronchonnant. Ces petits cochons ne sont pas du tout marrants.
– Je ferais mieux d'aller embêter les trois petits moutons !

14
Maxime
AVRIL

LEÇON D'AMOURETTE

Quand on veut conter fleurette
Mieux vaut cueillir des pâquerettes,
Des boutons d'or,
Des coquelicots…
On garde ainsi ses amourettes…
On a juste – aïe – un peu mal au dos.

15
César
AVRIL

Dis papy, pourquoi ?

Lorsque vient le printemps, Wendy ne veut surtout pas perdre de temps. Dès le matin, elle joue dans le jardin. L'herbe pousse, et le jardin change peu à peu…

– Dis papy, pourquoi les fourmis marchent à la queue leu leu ?

Papy s'accroupit pour observer les fourmis avec Wendy :

– Ces petites fourmis-là sont des soldats. Tout devant, il y a le commandant. Et si on était tout petits, comme des fourmis, on pourrait entendre ce que le commandant dit… « En avant, les fourmis ! Tous à la queue leu leu ! Une, deux ! Une, deux ! »

16
Benoît-Joseph
AVRIL

La gazette d'Eliot et Margaux

Top départ ! C'est le moment de la course aux œufs dans le jardin de tante Rosalie.
Mais Eliot et Margaux ne s'attendaient pas à une trouvaille de cette taille.
– Sûrement un œuf de dinosaure !
Il faut l'examiner de près : est-ce que ce serait un tricératops ?
Ou plutôt un immense diplodocus ? À moins que… Oh non !
Tout, sauf le féroce tyrannosaure et ses terribles dents pointues !
Soudain quelque chose bouge derrière la haie.
Hiiii ! La maman dinosaure revient couver son nid.
Ouf ! Fausse alerte ! C'est seulement le voisin…
Comment !? Il élève des autruches maintenant ?
Dommage pour les « dinos », mais un bébé autruchon ça doit être trop mignon !

17
Anicet
AVRIL

Les bêtises de Mariboulette et Tourlourou

– Pâques, c'est le jour où les poules pondent des œufs au chocolat.
– Pour qu'elles pondent des œufs au chocolat, faut leur faire manger plein de chocolat les jours d'avant !
Mariboulette et Tourlourou coururent dans la cuisine prendre tout ce qu'ils trouvèrent comme chocolat un peu liquide, car les poules n'ont pas de dents. Comme Marguerite, la poule des voisins, n'en voulait pas, ils la forcèrent un peu. Au lieu de faire des œufs en chocolat, Marguerite fit du vomi de poule.
– Mais enfin, les poules ne pondent pas les œufs de Pâques, dit maman.
Ha bon ?! Mais qui, alors ?

18 Parfait AVRIL

Je serai... pilote d'avion !

– Moi, quand je serai grand, je serai pilote d'avion ! dit Moucheron. Je vous emmènerai visiter tous les pays et les montagnes les plus jolies ! Qu'est-ce que tu en dis ?

– Mais ta cabine est bien trop petite ! dit Lapin.

– Ne t'inquiète pas, j'ai des amis qui m'aideront : comme Moineau, Perdrix, Moustique et même Bourdon. À nous tous, on formera un immense avion. Avec salle de bains, cuisine et grand salon.

– Alors je prends un billet tout de suite ! dit Lapin. On part quand ?

– Attends encore un peu ! Que je prenne des cours de géographie pour apprendre le nom de... tous les pays !

19 Emma AVRIL

Le loup et les trois petits moutons

« Un mouton, c'est bête ! se dit le loup en approchant doucement de la bergerie. Je n'aurai pas trop de mal à m'en mettre un sous la dent ! »

Les trois petits moutons sont en train de jouer à saute-mouton.

Ils n'ont pas vu le méchant... Le loup glisse sous la clôture quand soudain, Tu-u-u-u-u-u ! une alarme se déclenche !

En moins d'une minute, dix hélicoptères apparaissent.

– Rends-toi le loup ! Tu es cerné !

Le loup prend ses jambes à son cou et les moutons se moquent.

– Hi hi hi ! Tu n'es plus dans le coup, le loup !

Le méchant est bien décidé à se faire oublier, du moins quelque temps.

20
Odette
AVRIL

Frérot et Sœurette

Frérot et Sœurette étaient bien malheureux : leur méchante belle-mère les battait et ne leur donnait rien à manger. Ils étaient tout maigres et couverts de bleus !
Un jour ils décidèrent de s'enfuir dans la forêt.
Après avoir longtemps marché, Frérot eut soif. Il but l'eau d'une source.
Mais la méchante belle-mère, qui était aussi sorcière, l'avait ensorcelée.
À la première gorgée, il se changea en faon.
Le temps passa. Frérot devint un grand cerf ; Sœurette, une belle jeune fille.
Au cours d'une partie de chasse, le fils du roi blessa Frérot qui courut se réfugier auprès de sa sœur. Intrigué, le prince le suivit.
Lorsqu'il vit Sœurette, il en tomba aussitôt amoureux.
Il lui demanda sa main. Elle accepta, à condition de pouvoir emmener son frère.
Le prince mit Frérot dans l'écurie, avec ses chevaux préférés.
En apprenant la chose, la sorcière – jalouse du bonheur de Sœurette – lui jeta un sort.
Le jour de son mariage, elle fut changée en biche.
Sœurette rejoignit son frère à l'écurie, et le prince se laissa mourir de chagrin.
La sorcière, alors, alla trouver le roi.
– Je suis médecin, lui dit-elle. Votre fils ne guérira que s'il mange un cœur de biche.
Avec son accord, elle se glissa dans l'écurie, armée d'un grand couteau.
Mais Frérot veillait et la tua à coups de cornes.
Aussitôt, sa sœur et lui reprirent forme humaine. En voyant sa femme redevenue elle-même, le prince guérit. Et dorénavant, au lieu de chasser, il joue aux dames avec son beau-frère !

21
Anselme
AVRIL

La famille Zinzin

Étienne aide maman à préparer une chasse au trésor pour l'anniversaire d'Agathe.
– C'est toi qui caches le trésor, lui dit maman en lui tendant un sac rempli de bonbons.
Étienne cherche la meilleure cachette pour le trésor, quand lui vient enfin une idée...
Ici, c'est sûr, personne ne va le trouver !
Et effectivement, à la fin de la journée, le trésor est encore bien caché.
– Où est-il ? s'impatiente Agathe.
– Il est LÀ ! dit Étienne fièrement en montrant la cage de Griotte.
Hélas, le trésor est encore dans la cage, mais il n'est plus là où l'avait caché Étienne.
Désormais, il est... dans le ventre de Griotte !

22
Alexandre
AVRIL

Les vacances du loup

Pour se faire un peu oublier, le loup est parti en vacances sur son yacht privé.
Par la force des choses, il est devenu végétarien :
pois cassés, boulgour et quinoa n'ont plus de secret pour lui.
Il décide d'ailleurs d'en faire part à ses petits amis.
– Je vais leur écrire une petite carte postale ! dit-il.
Une mouette qui passe par là rigole.
– Ha ha ha ! Le loup, tu n'es plus dans le coup ! Finies les cartes postales !
Maintenant tout se passe par Internet et téléphone portable !
Décidément, même au milieu de l'océan on se moque de lui...
– Dans quel monde vivons-nous ! soupire le loup.
Et « croc ! », il croqua la mouette.

23
Georges
AVRIL

JE NE SAIS PAS !

J'ai mis dans mon chapeau
Tous les mots d'amour de la Terre
Je les ai enfilés
Sur un joli fil doré
Je n'ai pas su me décider
À qui offrir ce collier ?
Alors j'ai pris mes grands ciseaux,
Clic clac clic clic
Deux, vingt, trente morceaux…
Clic clac clic clic
Pour toi Clara, pour toi Mona ?
Pour Mélina ou Deborah ?
Oh là là ! je ne sais pas
Je les aime toutes à la fois !

24
Fidèle
AVRIL

Camille et Timinou

Timinou a volé un feutre à Camille. Il le fait rouler par terre, le poursuit sous le lit, joue comme un fou. Soudain, un monstre rouge apparaît devant lui. Timinou montre ses crocs, prêt à s'enfuir à la première alerte. Ce monstre est vraiment terrifiant !
Camille arrive. Au lieu de chasser le monstre, elle s'exclame :
– Vilain minou ! Tu t'es mis de l'encre partout !
Timinou comprend qu'il est devant un miroir. C'est lui qui est tout rouge à cause du feutre cassé ! Camille l'attrape. Elle dit :
– Je vais devoir te donner un bon bain.
Timinou ne veut pas. Il a encore plus peur de l'eau que des monstres rouges…

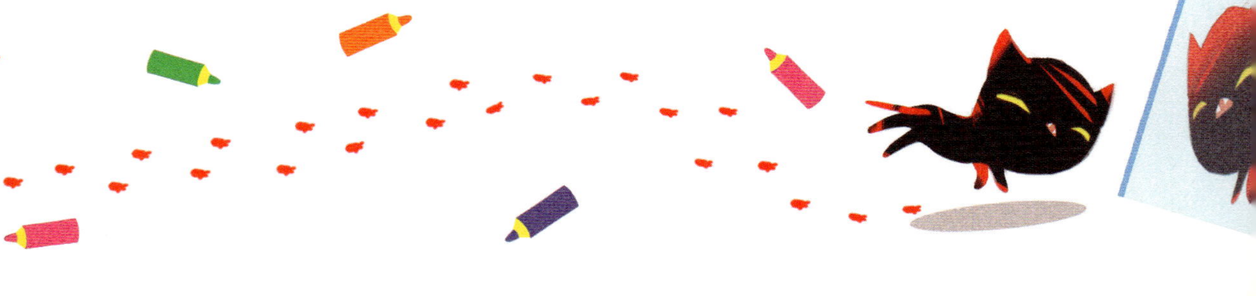

25
Marc
AVRIL

Cerise et Chocolat

Ce matin, les cloches sont passées dans le jardin de mam' et grand-pa !
Avec son panier, Cerise court dans la prairie. Derrière l'arrosoir, elle découvre une poule en chocolat et, dans la haie, un énorme lapin en nougat ! Sur la branche de cerisier, Cerise aperçoit un joli nid. Elle s'approche et voit trois petits œufs bleus sur un lit de plumes... Grand-pa accourt et explique à Cerise :
– Ces œufs-là ne sont pas en chocolat ! Il ne faut pas les toucher.
Bientôt, il en sortira trois oisillons tout neufs...
Que de surprises, ce matin, dans le jardin de mam' et grand-pa !

26
Alida
AVRIL

Princesse Qui-pue-qui-pète

Princesse Qui-pue-qui-pète n'aime pas du tout se laver.
Madame sa mère, la reine, en est très incommodée.
– Ma fille, tu attires plus les mouches que les princes charmants ! lui dit-elle souvent.
– Les princes, je m'en fiche ! répond la princesse. Moi, ce que j'aime, c'est me promener au soleil avec les abeilles et cueillir des fleurs !
Oui, mais... la princesse sent tellement mauvais qu'à son passage les fleurs se fanent, le soleil se couche et les abeilles tombent comme des mouches !
– Ça ne peut plus durer ! se plaint la princesse en tapant du pied.
Princesse Qui-pue-qui-pète s'est enfin décidée à aller se laver.
Du moins, de temps en temps... Mais c'est déjà ça :
tout le royaume en est bien content !

27
Zita
AVRIL

Les délices de Réglisse

Le cœur de Réglisse bat la chamade : Guimauve vient souper chez lui !
Seulement, c'est embêtant, Réglisse fait tout de travers aujourd'hui :
le soufflé est raté, la purée calcinée et les biscuits archicuits !
Guimauve apparaît en se pinçant le nez.

– Quelle drôle d'odeur ! Qu'est-ce que tu nous prépares ?
– Rien du tout ! rougit Réglisse en ôtant sa toque et en quittant ses fourneaux.
Ce soir, je t'invite au restaurant !
– Ouah ! s'exclame Guimauve ravie. Comme tu es charmant !
Guimauve et Réglisse ont passé une très bonne soirée.
Ils se sont même embrassés...

28
Valérie
AVRIL

Titounail l'épouvantail

Dans le grand champ fleuri
tout est couleur, tout rit,
sauf Arsène, le petit chêne,
qui a de la peine.
Ses bourgeons restent fermés !
Aucune de ses feuilles n'est née !
Titounail l'épouvantail voudrait le consoler.
Clic clic clic… Il réfléchit pour trouver une idée
quand, soudain, ça le gratouille de bas en haut,
ça le chatouille de haut en bas…
C'est une colonie de fourmis
qui se promène sur lui !
Il se tortille, fait mille grimaces,
tournicote, ne tient pas en place !
Arsène le petit chêne se met alors à rire tant et tant
que ping ! ping ! ping !…
toutes ses petites feuilles naissent… en même temps !

29
Catherine de Sienne
AVRIL

L'ourson Caramel

Dans une ferme, on entend des cris et des rires. Tapis dans les fourrés,
Caramel et ses amis observent des petits deux-pattes qui courent dans les champs.
Tous portent des paniers qu'ils remplissent d'œufs en chocolat.
– Les cloches nous ont encore oubliés ! bougonne Caramel.
À ce moment, la maman appelle ses enfants.
– À nous maintenant ! s'écrie Caramel.
Caramel, Plumeau, Canine et Myrtille foncent vers la prairie.
Ils fouillent et ramassent quelques œufs oubliés.
– Miam !
– Attention ! Un petit d'homme ! s'écrie Plumeau.
– M'man ! hurle le petit en pointant du doigt les voleurs.
En riant, les amis prennent la poudre d'escampette !

30
Robert
AVRIL

Camille et Timinou

Timinou, le p'tit matou, prend le soleil dans le jardin. Camille joue près de lui.
Soudain elle pousse un cri terrible. Timinou saute sur ses pattes. Quelle horreur !
Une énorme boule rouge fonce sur sa gentille maîtresse. Elle va être écrasée !
Le matou ne perd pas une seconde. Griffes en avant, il bondit à côté de Camille
pour la protéger. Et c'est la catastrophe ! Le ballon rouge explose bruyamment.
Timinou est projeté sur l'herbe, ses oreilles sifflent, son cœur bat très fort,
des étoiles s'allument dans sa tête... Il n'a jamais eu aussi peur !
Mais il a sauvé Camille. Pourquoi se met-elle en colère au lieu de le remercier ?
– Vilain Timinou, s'exclame la fillette. Tu as crevé mon beau ballon !

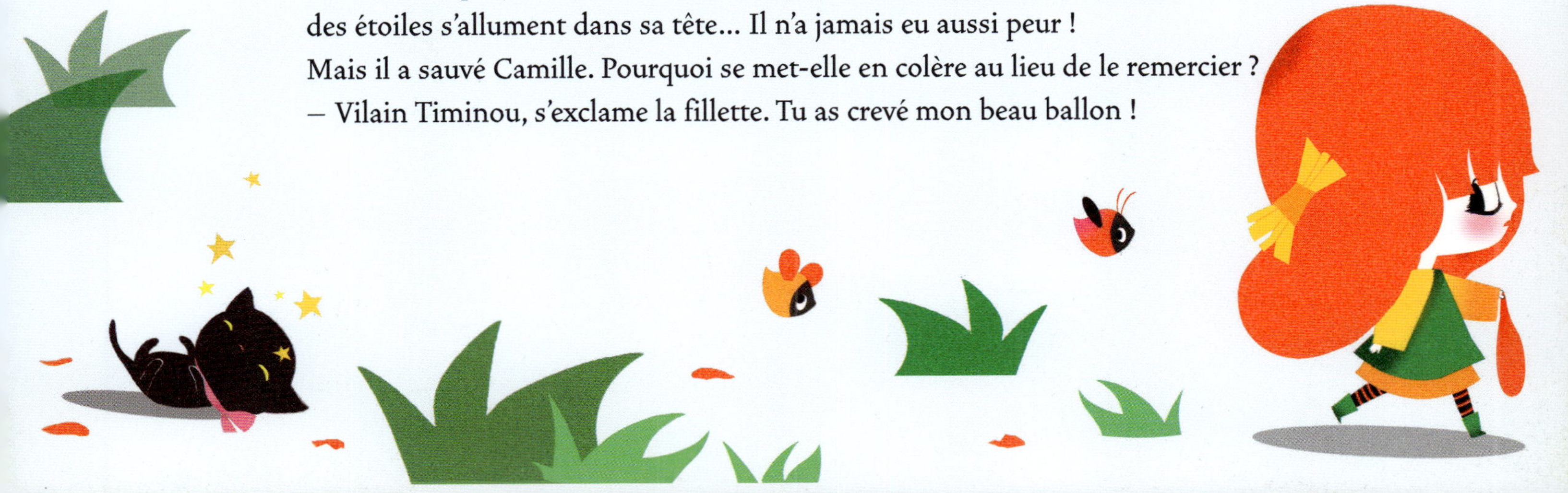

1
Tamara
MAI

L'ourson Caramel

Enfin le mois de mai !
Caramel se lève de bonne heure et part chercher du muguet.
Le petit ours crapahute dans les fourrés, il escalade les talus et fouine dans la prairie. Il aperçoit enfin du muguet au pied d'un gros rocher.
Il se précipite pour le cueillir, quand surgit un grizzly !
– Ces fleurs sont à moi ! grogne le grizzly.
– Mais que vas-tu en faire ? demande Caramel. Tu en as beaucoup !
Le grizzly ronchonne. Alors, à toute vitesse, Caramel cueille toutes les fleurs et file vers la forêt ! Il crie :
– Moi, j'ai une amoureuse qui s'appelle Myrtille ! Elle sera ravie de recevoir ces fleurs porte-bonheur !

2
Boris
MAI

Cerise et Chocolat

Ce soir, en sortant de l'école, Cerise cache un cadeau derrière son dos.
Elle dit fièrement à sa maman qui l'attend :
– C'est une surprise pour ta fête !
À la maison, Cerise glisse son cadeau sous son lit... Mais c'est un secret !
À table, Cerise a très envie de raconter un tout petit bout de son cadeau :
– Mon cadeau, c'est un vrai bijou...
Mais maman se bouche les oreilles.
– Ne dis rien, petite coquine !
Le soir, dans son lit, Cerise a très envie de montrer un tout petit bout de son cadeau. Elle chuchote :
– Allez maman, regarde dans le petit trou du papier cadeau !
Alors maman éclate de rire et serre sa petite fille contre son cœur.

3
Philippe
MAI

Titounail l'épouvantail

En se réveillant ce matin-là,
Titounail l'épouvantail ne sait pourquoi,
mais il y a dans l'air comme un vent de gaieté,
d'amour et de légèreté !
Dame épouvantail, dans le champ voisin,
lui lance un petit baiser de loin.
Le soleil caresse tendrement son chapeau.
Les écureuils se coursent sur son manteau.
Sur sa tête, les pigeons roucoulent.
Dans sa manche, les souris se papouillent.
Jolies demoiselles, les coccinelles
font frétiller leurs ailes...
Et soudain, Titounail comprend pourquoi,
ce matin-là,
il y a dans l'air comme un vent de gaieté,
d'amour et de légèreté :
dans la nuit, le muguet a ouvert sa fleur,
et les clochettes, au matin, ont distribué leur bonheur !

4
Sylvain
MAI

Les bêtises de Mariboulette et Tourlourou

Dans son bain, Mariboulette se sent une âme de sirène. Comme elle aimerait pouvoir vivre et se mouvoir sous l'eau, comme un poisson. Pour faire comme si, elle sort du bain et va chercher l'aquarium où nagent Bob et Caro, ses poissons rouges. Elle vide le contenu de l'aquarium – l'eau, les algues, Bob et Caro – dans son bain à elle. Puis, elle se remet à l'eau. Hi hi ! ça la chatouille quand les poissons la frôlent. Elle se sent, elle aussi, comme un poisson dans l'eau. Quand elle a vu tout ça, maman a crié aussi fort qu'un éléphant de mer, et elle l'a regardée avec des yeux de pieuvre !

5
Judith
MAI

Princesse Grands Pieds

Princesse Grands Pieds se désole d'avoir de si « loooongs » pieds.
– Je ne trouverai jamais chaussure à mon pied ! pleurniche-t-elle.
Le prince Abel, qui, en secret, est fou amoureux d'elle, lui lance :
– Séchez vos larmes, Princesse ! Vous nous serez d'une aide précieuse dans notre royale équipe de foot !
En effet, grâce à ses grands pieds, la princesse marque de sacrés buts.
À la fin du match, tout le monde l'applaudit. Il y en a même un qui court vers elle pour la demander en mariage…
Et celui-ci, vous l'avez compris, c'est le prince Abel !

6
Prudence
MAI

Les cailloux bavards

Il était une fois des cailloux qui avaient le pouvoir de parler.
Ils se racontaient des tas de choses, blaguaient, chantaient.
Mais ces cailloux ne voulaient pas que les hommes découvrent leur secret.
Aussi chaque fois qu'un humain approchait, ils se taisaient. Ils devenaient muets comme des pierres. Un jour arriva un homme très sage. Il avait le pouvoir d'écouter avec tant d'attention qu'il entendait même respirer les pierres.
Alors, évidemment, assis à côté de ces fameux cailloux, ce sage comprit à qui il avait à faire. Il dit :
– Je croyais que ces cailloux parlaient et qu'ils étaient savants !
Mais j'ai dû me tromper ! Ils sont muets ou alors peut-être malades au point de ne même pas pouvoir chanter une petite sérénade !
Les cailloux, qui étaient très bavards, lui répondirent aussitôt.
C'est difficile de garder un secret, surtout quand on est un caillou bavard !

7
Gisèle
MAI

Je serai… éboueur !

– Quand je serai grande, je serai éboueur ! dit Mouche.
– Qu'est-ce que c'est ? demande Abeille.
– Je ramasserai les poubelles des gens pour que la ville soit toute propre !
– Quelle drôle d'idée ! s'exclame Abeille.
– C'est une bonne idée au contraire ! Comme ça, en plus, chaque matin, je ferai un festin ! Au menu : salade moisie, radis pourris, pain rassis !
Ou alors couches de bébés qui sentent mauvais ! Ou encore, vieux roquefort.
Et en dessert ? Gruyère aux vers de terre !
– Berk ! Mouche, tu es dégoûtante !
– Pas du tout ! Sans moi, le monde serait rempli de cochonneries !
Alors tu peux me dire « merci » !

8
Désiré
MAI

Les délices de Réglisse

Assis sur sa chaise, les bras croisés, Réglisse, le petit ouistiti, ne fait que soupirer.
– Je n'ai pas envie de cuisiner, aujourd'hui.
Il a le moral tout gris, comme la pluie.
Soudain, on frappe à la porte. Ses amis sont là et chantent en chœur :
– Joyeux anniversaire, Réglisse ! Nous avons préparé pour toi un délicieux gâteau au chocolat !
Réglisse est ému : tous ses amis sont venus.
Le gâteau était tout de travers et trop cuit, mais peu importe : les gâteaux faits avec le cœur sont les meilleurs !

9
Pacôme
MAI

Pousse-moi plus haut que la pluie !

Il pleut depuis trois jours autour de la maison et, assise derrière la fenêtre, Lili est triste... Dehors la balançoire l'est aussi, car Lili ne peut plus venir.
– Ah ! Si seulement, soupire Lili, j'avais un parapluie !...
Alors papa et maman décident d'acheter un ciré jaune pour Lili, pour la protéger de la pluie !
– Allez, pousse-moi papa ! crie Lili en attrapant la balançoire.
Pousse-moi jusqu'au soleil, pousse-moi plus haut que la pluie !
Et papa la pousse jusqu'au ciel, au-dessus des nuages, là où se cache le soleil, et la balançoire rit !

10
Solange
MAI

Blanche-Neige

Il était une fois une princesse à la peau si blanche qu'on l'appelait Blanche-Neige. Son père, qui était veuf, s'était remarié avec une femme très belle et très méchante. Cette méchante reine possédait un miroir à qui elle demandait chaque jour :
– Miroir, mon beau miroir, qui est la plus belle ?
– Vous, Majesté, répondait le miroir.
Mais un jour, il dit :
– La princesse Blanche-Neige est plus belle que vous.
La reine fut si vexée qu'elle chargea son valet de tuer la jeune fille. Mais il ne le fit pas, et l'abandonna dans les bois. Par bonheur, sept nains bûcherons la recueillirent, si bien que, quand la reine demanda à son miroir :
– Miroir, mon beau miroir, qui est la plus belle ?
Le miroir répondit :
– La princesse Blanche-Neige, qui vit avec les nains de la forêt.
La reine, alors, entra dans une telle colère qu'elle se déguisa en vieille femme et se rendit dans la maison des nains. Elle se fit passer pour une marchande de fruits et offrit à Blanche-Neige une pomme empoisonnée. Ayant croqué dedans, Blanche-Neige tomba, comme morte. Lorsque les nains rentrèrent, ils pleurèrent beaucoup et mirent leur protégée dans un cercueil de verre, parmi les fleurs et les oiseaux. Un prince qui passait par là la trouva si touchante qu'il ouvrit le cercueil et l'embrassa.
Aussitôt, Blanche-Neige, qui n'était qu'endormie, s'éveilla.
Et le prince l'emporta sur son beau cheval blanc.
Quant à la méchante reine, elle devint verte de rage, ce qui la rendit affreuse !

11
Estelle
MAI

Titounail l'épouvantail

Qoâ ! Qoâ ! Qoâ !
Quand vient le soir, sur son nénuphar,
la grenouille dit « qoâ » !
Plouf ! la voilà dans la mare !
Zoup ! elle saute, fait des bonds,
pattes en l'air, tournicota tournicoton !
– Pourqoâ ? Qoâ ? Qoâ ? questionne l'une.
– Pourqoâ ? Qoâ ? Qoâ ? demande l'autre.
Elles sont peut-être un million
à se poser mille questions !
C'est une vraie « qoâqoâphonie »,
un véritable charivari !
Titounail soupire…
Il voudrait dormir !
Enfin, il trouve une solution.
Il crie : – Je répondrai demain
à toutes vos questions !
Rassurées, les grenouilles arrêtent leur tintamarre.
Mais demain ce sera une autre histoire !

12
Achille
MAI

Camille et Timinou

Il y a un grand serpent jaune dans le jardin. Timinou, le p'tit matou, ne sait pas que c'est un tuyau d'arrosage. Caché dans les hautes herbes, il s'en approche doucement. Mais le papa de Camille vient de sortir. Il ouvre un robinet et le serpent se met à bouger. Timinou saute dessus en miaulant. Le tuyau d'arrosage ne se laisse pas faire. Il se tortille dans tous les sens. Le pauvre matou essaie de se défendre mais le serpent est trop fort. Il crache un jet d'eau glacée. Quelle peur terrible ! Trempé jusqu'aux os, Timinou court se faire consoler. Mais Camille refuse de le prendre dans ses bras. Elle lui dit :
– D'abord, je vais te frotter avec une serviette !

13
Rolande
MAI

Œuf qui roule !

Petite poulette, la distraite, a pondu son œuf en haut de la montagne.
Et son œuf lui a échappé ! Il roule, il roule...
Il passe devant la maison de Gertrude.
– Je mettrais bien cet œuf dans mon gâteau ! s'écrie la vieille.
Mais impossible de l'attraper.
– Il serait parfait pour mon omelette ! s'écrie Gaston.
Mais l'œuf file, sans façon.
Il ne sera pas pour la pâte à crêpes de Lucette, ni pour la salade de Simbad.
L'œuf roule sur les chemins et dans les prés, et personne ne peut l'arrêter.
Au bout de vingt et un jours, il se pose tranquillement dans la main de Florian qui fait la sieste dans l'herbe. Florian referme vite ses doigts.
– Miam ! Je vais me préparer un œuf mimosa !
Mais dans la paume de Florian, ça craque doucement :
un poussin sort de l'œuf et, en trottinant, il grimpe retrouver sa maman !

14
Matthias
MAI

La famille Zinzin

La famille Zinzin est de sortie au zoo.
– Regardez les singes ! s'écrie Étienne.
– Et la girafe ! lance Diane.
– Ouah ! Le lion ! s'émerveille Barnabé.
– Venez par là, propose Agathe. Ce sont les zèbres.
En arrivant près de l'enclos des zèbres, Diane se cache les yeux.
– Ça ne va pas ? demande maman.
– Je veux partir, dit Diane. J'ai peur.
– Peur des zèbres ? ricane Barnabé.
– Oui. Ce sont des méchants ! s'exclame Diane.
– Pourquoi dis-tu cela ? demande papa.
– Regarde ! Ils ont gardé les habits qu'ils portaient en prison !

15
Denise
MAI

Dis papy, pourquoi ?

Dans le jardin, Wendy observe une belle toile d'araignée.
Quand elle la touche avec un bâton, une petite araignée apparaît.
– Dis papy, pourquoi les araignées tricotent comme mamie ?
Papy regarde aussi la petite bête :
– On dit que c'est pour attraper des insectes, mais moi, j'ai une autre idée.
Je crois que les araignées n'ont pas beaucoup d'amis. Tu comprends, elles ont souvent l'air terrifiant, et les autres insectes fuient en les voyant.
Alors, pour trouver des copains, elles ont trouvé un bon moyen.
Lorsqu'un insecte vient se coller sur sa toile, l'araignée lui explique qu'elle est gentille et ils deviennent amis.

16
Honoré
MAI

Un ballon pour qu'il fasse beau !

Demain c'est l'anniversaire de Mireille, elle espère qu'il fera beau.
– Fais une prière au soleil, lui dit sa sœur Annabelle, envoie-lui une coccinelle !
Mais Mireille a beau fouiller le jardin, elle n'en trouve pas sur le gazon.
– Ne t'inquiète pas, dit Annabelle. Viens, on va lui acheter un ballon.
– Lequel veux-tu ? demande le vendeur de ballons.
– Le cœur qui rit, répond Mireille.
– C'est un bon choix. Tiens-le bien, sinon il s'envolera, dit le vendeur.
Mireille tend la main et le prend, mais, trois pas plus loin, elle le lâche.
– Prends-le, c'est pour toi ! crie-t-elle au soleil. C'est pour qu'il fasse beau demain pour mon anniversaire ! Ce sera un joli cadeau !

17
Pascal
MAI

DES YEUX GRIS, VERTS OU BLEUS ?

C'est ma Lulu que je préfère
Pour moi ses yeux sont un mystère
Ils paraissent gris les jours de pluie
Mais sont verts à ce que l'on dit
Quand je tiens sa main ils sont bleus
C'est ainsi chez les amoureux
C'est ma Lulu que je préfère
Avec le ciel sous ses paupières.

18
Éric
MAI

Cerise et Chocolat

Cet après-midi, Cerise s'ennuie. Elle ne veut pas dessiner, pas jouer avec Chocolat, pas aller se promener. Non, non, non ! Cerise est très fâchée. Elle tape des pieds, quand soudain une coccinelle vient se poser sur sa main... Ça alors ! Cerise sèche ses larmes, fait grimper la coccinelle le long de son bras, et dit tout bas :

– Je suis contente que tu sois là...

À ce moment-là, la coccinelle s'en va, embrasse Chocolat sur le bout du nez et puis s'envole... Cerise a retrouvé son joli sourire, elle court dans le jardin, et s'élance sur la balançoire, légère comme une coccinelle porte-bonheur.

19
Yves
MAI

La gazette d'Eliot et Margaux

Oh là là ! Qu'est-ce qu'il fait chaud !
Papa stoppe l'auto. Tout le monde descend prendre l'air
et se dégourdir les jambes, quand, tout à coup, Eliot et Margaux s'écrient :
– Regardez ! Un p'tit chien !
Mais qu'est-ce qu'il fabrique tout seul le long du chemin ?
Papa s'approche de l'animal pendant qu'Eliot et Margaux vont chercher un bol d'eau.
– Il avait drôlement soif !
Les enfants examinent la médaille accrochée à son collier... Incroyable !
Ce n'est pas un chien perdu ! Un petit coup de téléphone et le mystère est résolu.
Le gentil toutou a parcouru toute la France pour retrouver son maître
en vacances juste à côté ! Heureusement, en route, il a eu de la chance...
puisqu'il a rencontré Eliot et Margaux ! Ouaf !

20
Bernardin
MAI

L'ourson Caramel

– On joue à cache-cache ? propose Plumeau, le blaireau.
– D'accord ! C'est Canine qui colle ! décide Caramel.
Canine commence à compter tandis que les amis filent se cacher dans la forêt.
Caramel déniche un creux dans un tronc d'arbre. L'intérieur est tapissé de mousse.
Il s'y installe, c'est confortable. Et le temps passe...
– Caramel ! Où es-tu ? Ca-ra-mel !
Le petit ours ouvre un œil et bâille longuement. Ce qu'il a bien dormi !
Soudain, il se souvient : la partie de cache-cache ! Vite, il sort de sa cachette.
La nuit est déjà tombée !
– Caramel ! s'exclament ses amis. Tu nous as fait peur. On ne te trouvait plus !
– Euh... Je n'ai pas vu le temps passer, avoue le petit ours, penaud. J'étais très bien caché !

21
Constantin
MAI

Les musiciens de Brême

Un jour, un vieil âne se dit :
« Je ne suis plus assez fort pour tirer la charrette. Si j'allais à Brême, la ville des musiciens ? Je chanterais, "hi-han !" et l'on me jetterait des sous. »
En chemin, il croisa un vieux chien dont personne ne voulait et lui proposa de l'accompagner. Plus loin, ce fut un chat qui se joignit à eux. Sa maîtresse l'avait chassé, car il n'arrivait plus à tuer les souris. Puis ce fut le tour d'un coq que le fermier voulait mettre à la casserole. La nuit les surprit dans une forêt.
– Où allons-nous dormir ? se demandèrent-ils.
Soudain, ils aperçurent une maison éclairée.
– Peut-être ces gens-là peuvent-ils nous héberger ? dit l'âne.
– Assurons-nous d'abord qu'ils sont aimables, répondit le coq.
Pour regarder par la fenêtre, le chien grimpa sur le dos de l'âne, le chat sur le dos du chien, et le coq se percha sur la tête du chat. Or cette maison était un repaire de bandits. En les voyant avec leurs grands couteaux, les animaux prirent peur et crièrent en même temps :
– Hi-han ! Ouaf-ouaf ! Miaou ! Cocorico !
Les bandits, croyant que c'était un monstre, s'enfuirent. Alors, les animaux mangèrent leur repas, puis éteignirent la lampe et s'endormirent sur le tapis.
Un peu plus tard, le chef des bandits revint dans la maison pour voir si le monstre était parti. Il entra sur la pointe des pieds et, dans le noir, trébucha sur le chat, qui le griffa. Effrayé, il recula et marcha sur la queue du chien qui le mordit. L'âne, réveillé en sursaut, lui décocha une ruade magistrale.
Et le coq, persuadé que c'était le matin, se mit à chanter à tue-tête.
Le bandit se sauva à toutes jambes.
– Il n'y a pas un monstre chez nous, mais quatre, dit-il à ses compagnons.
Une sorcière m'a griffé, un vampire m'a mordu, un géant m'a donné un coup de gourdin et j'ai entendu hurler un mort-vivant.
Allons nous installer ailleurs !
Les animaux restèrent donc dans la maison, où ils coulèrent des jours heureux. Ils y sont peut-être encore !

22
Émile
MAI

Dis papy, pourquoi ?

Avant d'aller se coucher chez papy et mamie, Wendy a une question très chouette qui lui trotte dans la tête :
– Dis papy, pourquoi les étoiles s'allument le soir ?
Comme toujours, son papy connaît la réponse :
– Les petits nuages sont comme toi : ils ont très peur du noir...
– J'ai compris ! dit Wendy. Les étoiles, ce sont des veilleuses pour les nuages qui n'aiment pas le noir ! Elles s'allument et les petits nuages font un gros dodo.
Papy applaudit :
– C'est ça Wendy, bravo !

23
Didier
MAI

La famille Zinzin

Éponges, chiffons, seaux d'eau et produits d'entretien sont de sortie : les enfants Zinzin lavent la voiture. Agathe passe l'aspirateur. Diane époussette l'intérieur. Étienne fait les vitres. Célestine et Barnabé astiquent la carrosserie.
Bientôt l'intérieur de la voiture brille et l'extérieur disparaît sous la mousse.
Mais voilà qu'on se chamaille pour rincer la voiture. Le jet d'eau s'échappe, tournicote, fait des siennes. C'est rigolo !
Et puis enfin, ça y est, la voiture est toute propre. Les enfants aussi d'ailleurs.
Ce soir, la douche est inutile : ils sont déjà mouillés de la tête aux pieds !

24
Donatien
MAI

Les délices de Réglisse

Réglisse a trop chaud, Réglisse a trop froid : il n'est pas en forme aujourd'hui.
– Tu as attrapé une bonne grippe ! dit le docteur. Il faut rester au lit !
– Oh non ! se désole Réglisse. Juste le jour où je voulais cuisiner des litchis en papillote pour ma mamie Griotte.
Quand mamie Griotte arrive, elle embrasse son petit ouistiti et lui dit :
– Repose-toi Réglisse. Je te prépare une bonne soupe au basilic et une tisane à l'anis.
Réglisse adore régaler ses amis, mais il aime aussi se faire dorloter par sa mamie chérie !

25
Sophie
MAI

Les bêtises de Mariboulette et Tourlourou

Mariboulette et Tourlourou décident de faire un gâteau tout seuls, sans rien dire à personne. Ce sera une surprise. C'est la première fois.
Ils mélangent la farine et les œufs, et l'huile du flacon jaune, et ils font cuire tout ça dans le micro-ondes. Le gâteau a une drôle de tête.
Ils décident de le faire goûter par mémé, pour être plus sûrs.
Mémé dit :
– Mmmmh, comme il a l'air bon, ce gâteau !
Et elle en mange un gros bout, pour leur faire plaisir. Après elle a été un peu malade, mais pas trop. Tourlourou avait confondu l'huile jaune avec le liquide à vaisselle, jaune aussi. Ça peut arriver !

26
Bérenger
MAI

Je serai… policier !

– Moi, plus tard, je serai policier, dit Taupe.
– Mais comment feras-tu ? Tu n'y vois rien, répond Hérisson.
– Eh bien, dit Taupe sans se démonter, je me servirai de mon nez !
– De ton nez ? s'étonne Hérisson.
– Oui, je reconnaîtrai les voleurs à l'odeur.
– Les voleurs ont une odeur ? demande Hérisson, intrigué.
– Tout le monde a une odeur ! répond Taupe.
– Moi, par exemple, qu'est-ce que je sens ?
– Tu sens les pieds ! dit Taupe en riant.

Et Hérisson s'en va, vexé.

– Attends-moi Hérisson ! J'ai quelque chose à te demander !
– Quoi encore ? dit Hérisson, ronchon.
– Tu sais, les policiers vont toujours par deux… Est-ce que tu accepterais d'être mon associé ?
– Quelle bonne idée ! dit Hérisson.

Et après un gros bisou sur la joue, les voilà partis, bras dessus, bras dessous !

27
Augustin
MAI

Camille et Timinou

Timinou a vu un petit oiseau.
– Je vais jouer avec lui ! s'exclame-t-il d'un ton joyeux.
Il saute sur l'arbre, atteint une première branche, grimpe encore et… le moineau s'envole.
Timinou est déçu. Il veut retourner par terre mais se retrouve coincé.
Le matou a le vertige. Impossible de monter ou de descendre. S'il tombe, il s'écrasera sur l'herbe comme un crêpe.
Les heures passent. Timinou a tellement miaulé qu'il n'a plus de voix.
Sera-t-il obligé de passer la nuit dans ce pommier ? Camille se montre enfin.
Elle dit en riant :
– Il y a un drôle d'oiseau dans notre arbre. Au lieu de plumes, il a des poils !

28
Germain
MAI

L'ourson Caramel

Cette nuit-là, Caramel entend des bruits bizarres… Intrigué, il sort de chez lui, gravit une colline et arrive devant une vieille maison. Il entre…
Dans la salle à manger, un fantôme dévore des mille-pattes grillés ; dans le salon, deux dragons jouent au ballon et un hibou masse le dos d'un énorme crapaud.
Soudain, une sorcière sort de la cuisine en brandissant un philtre puant.
– Tu tombes à pic ! Tu vas tester cette potion !
– Non ! hurle Caramel terrifié.
Il bondit sur un balai.
– Au voleur ! hurle la sorcière en colère.
Caramel s'envole à la vitesse de l'éclair ! Mais il prend un virage trop serré et tombe ! Boum ! Caramel ouvre les yeux ! Il est dans sa tanière !
Ouf ! Ce n'était qu'un mauvais rêve !…

29
Aymar
MAI

PIQUANT

Si un jour un hérisson
Tient un oursin par la main
Ce n'est pas une amourette
S'il vous plaît, soyez chouettes,
Rendez-lui ses lunettes !

30
Ferdinand
MAI

La famille Zinzin

Dimanche matin, les enfants Zinzin arrivent en criant dans la chambre de papa et maman : « Bonne Fête maman ! » Chacun dépose sur le lit son cadeau : un pot de fleurs peint par Étienne, un cadre bordé de pâtes collées par Célestine, un poème de Barnabé, un collier en boules de cotillons de la part de Diane, un bracelet de perles fait par Agathe et même un gribouillage de Félix.

– Vos cadeaux sont magnifiques, dit maman. Merci !

Diane sort alors un autre paquet de derrière son dos.

– Encore ! s'exclame maman.

– Non, répond Diane. C'est pour Agathe.

– Mais ce n'est pas ma fête, dit Agathe très étonnée.

– Si ! rétorque Diane. Parce que quand on joue au papa et à la maman, c'est toi ma maman !

31
Pétronille
MAI

Savez-vous planter des clous ?

Ce matin, Lilo regarde partout : sur le Frigidaire, sur les placards, dans les couloirs, sur les portes. Mais le dessin pour la fête des Mères qu'elle a offert hier à sa maman n'est nulle part.

– Maman, mon dessin, tu ne l'aimes pas ? s'inquiète Lilo.

– Ton dessin ? Viens voir... lui dit sa maman, et elle ouvre sa sacoche.

– Regarde, il est tellement beau que je l'ai fait encadrer ! Allez, maintenant cours chercher le marteau, Lilo, et montre-moi si tu sais planter un clou...

1
Justin
JUIN

Cerise et Chocolat

Cerise aime bien le lapin de grand-pa. Avec son arrosoir, elle lui verse de l'eau à boire, puis elle lui donne de la paille. Cerise aimerait bien le caresser, mais, aujourd'hui, le petit lapin fait le timide et reste au fond de sa cage.

– Viens, lui dit Cerise, j'ai un bonbon pour toi !

Grand-pa rit.

– Voyons ! Les lapins n'aiment pas les bonbons !

Puis il dit :

– Suis-moi si tu veux savoir ce qu'ils préfèrent…

Avec grand-pa, Cerise va au potager. Et là, grand-pa déterre une belle carotte. Dès que le petit lapin voit la carotte, il arrive pour la croquer.

– J'ai compris ! dit Cerise. Les carottes, c'est le bonbon des petits lapins !

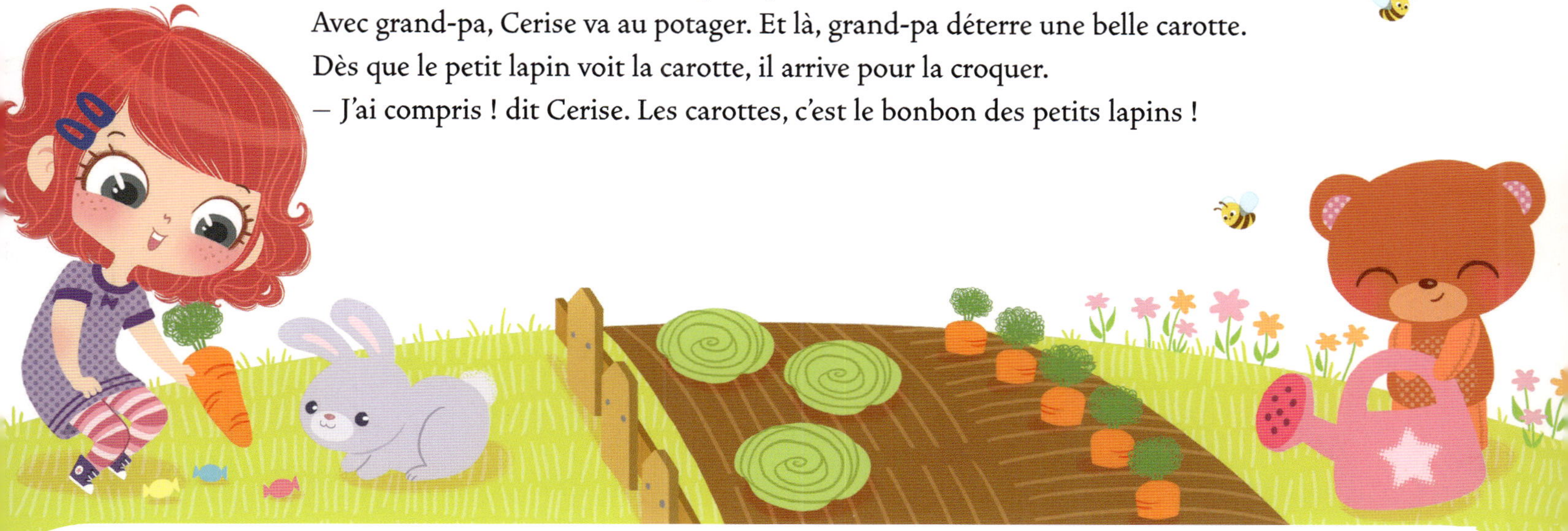

2
Blandine
JUIN

Je serai… jongleuse !

– Moi, quand je serai grande, je serai jongleuse dans un cirque ! dit Chèvre. J'aurai un beau costume à plumes, des grandes bottes en poil de marmotte et une casquette à paillettes.

– Et tu jongleras avec quoi ? demande Oie.

– Avec des balles, des bouteilles, des quilles, des bâtons enflammés…

– Mais tu sais, pour jongler, il faut beaucoup s'entraîner !

– C'est pour ça ! J'ai déjà commencé !

– Et tu jongles avec quoi ?

– À ton avis, tête de linotte ? Avec mes… crottes !

3 Kévin **JUIN**

Dis papy, pourquoi ?

Comme il fait très beau, papy emmène Wendy au zoo.
En passant devant une cage, Wendy réfléchit :
– Pourquoi les papas lions ont une crinière, papy ?
Papy sourit :
– Un jour, il y a longtemps, un papa lion avait dix bébés… Et tous ses lionceaux voulaient grimper sur son dos. Mais le dos du papa lion n'était pas assez grand pour tous ses enfants ! Alors, deux coquinous se sont accrochés à son cou. Et les poils du papa ont commencé à pousser, pousser… Lorsqu'il a eu une crinière, les autres lions l'ont trouvée si jolie, qu'ils ont laissé pousser leurs poils aussi !

4 Clotilde **JUIN**

Les bêtises de Mariboulette et Tourlourou

Ce jour-là, dans le jardin, quatre oiseaux causaient sur une branche.
– Moi aussi, je veux voler comme un oiseau ! déclara Mariboulette.
Alors, elle escalada le gros cerisier. Les oiseaux, dérangés, prirent leur envol. Mariboulette aussi, en battant des bras.
– Mariboulette s'envole ! s'écria Tourlourou.
Mais aussitôt, elle retomba, plof, au pied du cerisier.
Elle se releva d'un bond. Ouf ! Plus de peur que de mal !
– Mariboulette ! Tu n'es PAS un oiseau ! lui dit papa.
Peut-être, mais les oiseaux sont revenus, et ne sont plus jamais partis.
Des fois, on dirait qu'ils rigolent.

5
Igor
JUIN

LE CŒUR-BATEAU

Tout seul
Mon cœur ressemble à un bateau
Vogue, vogue… vogue sur l'eau
Il tangue, il flotte, et tangue, et flotte,
Il me berce sur les flots, me tournicote et me ballotte,
Je tourne en rond comme un bouchon
Et ron et ron
J'ai trouvé un petit matelot
Un matelot ohé ohé ! du bateau !
C'est mon amoureux
Les yeux brillants tous les deux
Nous filons droit devant
Droit devant sur les flots
Deux matelots ohé ohé ! du bateau !

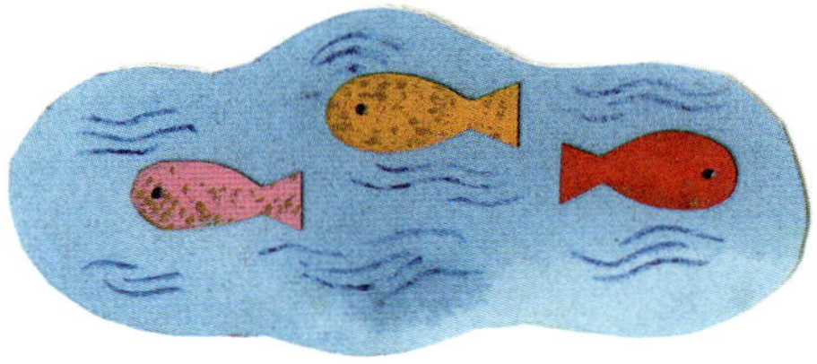

6
Norbert
JUIN

Camille et Timinou

Timinou, le p'tit minou, se promène dans le jardin d'Irène. Irène est la voisine de Camille. Timinou rampe dans l'herbe, grimpe dans les arbres et poursuit les lézards. Mais quelque chose remue derrière une poubelle. Le matou fait le gros dos, hérisse ses poils. Va-t-il se retrouver face à un énorme bouledogue ? Sa peur est immense. Il n'y a aucun endroit dans le jardin où se réfugier. La poubelle bouge, le monstre apparaît. C'est un caniche minuscule, de la taille du chaton ! La peur de Timinou s'évanouit. Il vient de se faire un nouvel ami, le petit chien tout fou d'Irène !

7
Gilbert
JUIN

Titounail l'épouvantail

Dans son champ tout en fleurs,
Titounail l'épouvantail rit de bonheur !
Les parfums font tourner la tête,
et donnent envie de faire la fête !
Titounail se met alors à chanter,
chanter sans s'arrêter !
Il se tortille en arrière, en avant,
se déchaîne tant et tant,
qu'il a vraiment trop chaud !
Comme une star, il jette son manteau,
continue de jouer et de chanter,
chanter sans s'arrêter !
Mille spectateurs lui sourient :
mille tournesols aux fleurs épanouies.
Même si le soleil chauffe derrière lui,
Titounail en est tout retourné :
c'est peut-être lui, le roi de l'été ?

8
Médard
JUIN

Le petit train qui voulait quitter ses rails

Il était une fois un petit train qui en avait assez de toujours faire le même chemin. Il voulait quitter ses rails.
Une nuit, il se mit à rouler en douce, puis il prit de la vitesse, fonça droit devant lui et bondit dans la prairie.
Comme il était heureux !
– *Tut-tut-chouette !* chantait-il dans la nuit.
Il roula à travers les champs et les forêts, là où aucun train ne passait jamais.
Il dit à tous ceux qu'il rencontrait :
– Montez, c'est gratuit !
À partir de ce jour-là, il fut toujours rempli d'animaux et de vagabonds, de grands-pères et de lutins, de mamies et de marmots. Jamais fatigué, toujours heureux, il les emmena prendre des bains de nuit sous les étoiles, escalader des montagnes enneigées, traverser le désert ! Depuis qu'il a quitté ses rails, il chante jour et nuit :
– *Tut-tut-chouette ! Quelle belle vie de voyager là où on en a envie !*

9
Diane
JUIN

La fille du roi et le crapaud

Une princesse pleurait, car son ballon d'or était tombé dans l'étang.
Un gros crapaud surgit et lui dit :
– Si tu m'épouses, je te rapporterai ton ballon.
La princesse, qui adorait son ballon d'or, accepta étourdiment. Après le lui avoir rendu, le crapaud la suivit au palais. Mais elle ne voulut pas le laisser entrer.
Comme il insistait, le roi vint voir ce qu'il se passait.
– Votre fille m'a promis de m'épouser, expliqua le crapaud.
– Une promesse est sacrée, répondit le roi.
Et il invita le crapaud à sa table.
– Je veux manger dans ton assiette, dit le crapaud à la princesse.
La princesse refusa, mais son père la gronda :
– C'est ton fiancé, tu dois lui obéir !
Après avoir mangé, le crapaud dit à la princesse :
– Maintenant, je veux dormir dans ton lit.
La princesse refusa, mais son père la gronda :
– C'est ton fiancé, tu dois lui obéir !
À contrecœur, la princesse conduisit le crapaud dans sa chambre.
– Et maintenant, embrasse-moi ! ordonna-t-il.
La princesse refusa, mais le crapaud lui dit :
– Je suis ton fiancé, tu dois m'obéir.
Avec une grimace de dégoût, la princesse l'embrassa.
Aussitôt, il se changea en un prince magnifique.
– Un méchant magicien m'avait jeté un sort, dit le prince. Seul un baiser de princesse pouvait me rendre mon apparence.
La princesse, tout heureuse, lui sauta au cou, et l'embrassa encore et encore, et encore. Sans que son père l'y oblige, cette fois !

10
Landry
JUIN

L'ourson Caramel

Aujourd'hui, les ours de la forêt ont rendez-vous au fleuve pour la grande pêche au saumon.
– On fait équipe ? demande Myrtille.
– D'accord ! répond Caramel.
Il s'installe sur un rocher et Myrtille fait le guet.
Des saumons bondissent hors de l'eau. Myrtille encourage son ami.
– Vas-y ! Derrière toi ! Par là !
Raté. Les autres ours saisissent les poissons à la volée, mais Caramel, lui, les laisse filer ! Ses griffes ne sont pas encore assez longues.
Alors, il a une idée : il s'empare d'un filet.
Il retourne au bord de l'eau et attrape trois poissons d'un coup.
– Bravo ! applaudit Myrtille.
Cette fois, Caramel est fier de lui !

11
Barnabé
JUIN

Les délices de Réglisse

Réglisse essaye une nouvelle recette : le gâteau à la rhubarbe !
– Il me faut de la farine, des œufs et du lait… Zut ! Je n'ai pas de lait !
Réglisse se dit que ce n'est pas grave.
– Ah, il me faut aussi de la rhubarbe…
Comme il n'en a pas, Réglisse décide de la remplacer par des pommes.
Quelques minutes plus tard, le gâteau est enfourné.
– Mmm ! Ça sent bon chez toi ! s'exclame Croco qui passe par là.
– Qu'est-ce que tu nous mijotes ? s'enquit Toucancan, attiré lui aussi par l'odeur.
– Un gâteau à la rhubarbe ! répond fièrement Réglisse. Voulez-vous goûter ?
Ses amis ne se font pas prier ! Croco croque une belle bouchée et dit tout étonné :
– Mais Réglisse, ton gâteau à la rhubarbe, c'est une tarte aux pommes !
Les amis ont bien ri, mais ils ont tout fini… de bon appétit !

12
Guy
JUIN

Norbert, le ver de terre

Ce matin, dans le verger, on entend des rires de tous les côtés.
Le papillon se tient le bidon et fait claquer ses ailes.
La coccinelle rit comme une baleine.
La guêpe glousse comme un dindon.
Et les fourmis se roulent par terre.
Hi hi hi ! Ha ha ha ! Ho ho ho !
C'est vraiment trop rigolo !
Norbert, lui, ne comprend pas ce qui fait tant rire ses amis.
– Qu'est-ce qu'il y a ? Qu'est-ce qui se passe ?
Personne ne lui répond. Tant pis, il s'apprête à plonger dans la terre, au pied du poirier, quand il entend tout le monde s'esclaffer :
– Norbert, le ver de terre, a mis sa culotte à l'envers !

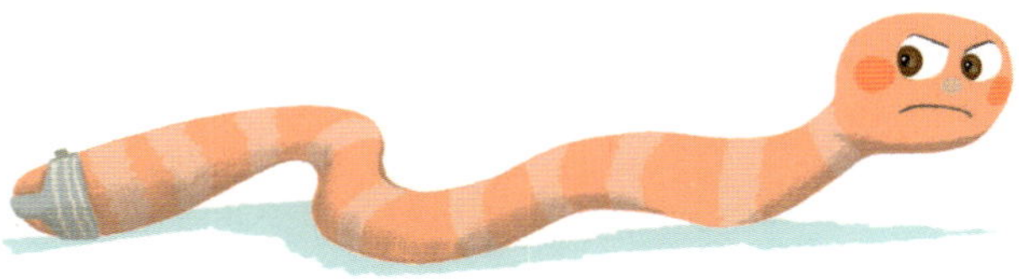

13
Antoine de Padoue
JUIN

Dis papy, pourquoi ?

Aujourd'hui, c'est mercredi, et papy a eu une idée du tonnerre : il emmène Wendy visiter une ferme. Intriguée, Wendy observe les cochons :
– Dis papy, pourquoi les cochons ont une queue en tire-bouchon ?
Papy rit :
– Ça, c'est à cause d'un bébé cochon qui en avait assez que sa maman le confonde avec ses douze frères et sœurs. Ce n'était pas la faute de sa maman, mais il voulait qu'on le remarque, lui ! Alors, le bébé cochon a eu une idée : avec un bâton, il a fait friser sa petite queue de cochon. Le problème, c'est que ses frères et sœurs, amusés, ont fait friser leur queue aussi !

14
Élisée
JUIN

La famille Zinzin

Aujourd'hui, pour le dessert, les enfants Zinzin ont du fromage blanc. Une pleine assiette de fromage blanc ! Mais à peine Célestine a-t-elle commencé de manger que Barnabé pose une petite miette de pain sur son fromage blanc.
– Arrête ! râle Célestine.
La fillette approche la main de son assiette pour enlever la miette avec ses doigts.
– Je t'ai eue ! lance Barnabé avant d'écraser la main de sa sœur dans le fromage blanc ! C'est dégoûtant, mais c'est tellement rigolo !

15
Germaine
JUIN

Je serai… dentiste !

– Plus tard, dit Chaton, je serai dentiste !
– J'ai peur du dentiste ! dit Chiot.
– Justement. Les enfants aussi auront peur de moi ! Et pendant qu'ils auront la bouche ouverte, je leur demanderai l'adresse de la petite souris !
– La petite souris ? Celle des dents de lait ?
– Tu as trouvé ! Et dès que je l'aurai, je filerai l'attraper pour la manger… en beignets !
– Mais les enfants vont te détester !
– Je m'en fiche ! Je changerai de métier.
– Et tu feras quoi ?
– Cuisinier… de petites souris… en beignets !

16
Régis
JUIN

Les bêtises de Mariboulette et Tourlourou

Mariboulette en a marre d'être une fille. Elle décide de se couper les cheveux très courts, comme Tourlourou. Quand elle a achevé de se faire sa nouvelle tête, elle rejoint tout le monde dans le salon.

– Hiiii ! Qu'est-ce que tu as fait ? hurlent maman et papa.

– J'en avais marre d'être une fille. Maintenant, je pourrai jouer au foot avec Tourlourou, et Marek, et Abder...

Tourlourou la regarde et lui dit :

– T'es pas un garçon ! T'es une fille avec les cheveux courts, pis c'est tout !

Dans la bagarre qui a suivi, ils se sont arraché quelques cheveux supplémentaires.

17
Hervé
JUIN

Perdu-trouvé

Dans le grand pré des lapins, Carotte la lapine n'aime pas trop ses voisins. Elle ne parle à personne. Mais aujourd'hui, elle a perdu sa clé. Impossible de rentrer dans son terrier. Alors, toc, toc ! elle est bien obligée de frapper aux portes !

– N'auriez-vous pas trouvé ma clé ?

– Non, désolé, lui dit-on. Mais prenez donc une tasse de thé.

La clé n'est pas chez Mme Roussette, ni chez M. Poilu ni chez dame Frimousse. Où peut-elle bien être ? Une chasse à la clé s'organise. À la fin de la journée, personne n'a rien trouvé. Mais qu'est-ce que Carotte s'est bien amusée avec ses voisins ! On organise un dîner au clair de lune. On chante, on danse et soudain, bing ! la clé de Carotte lui tombe sur la patte ! Cette clé n'était pas du tout perdue ! Bien cachée au fond de la poche de son tablier, elle attendait juste que Carotte ait trouvé des amis !

18
Léonce
JUIN

FRAISE ET FRAMBOISE

Dame Framboise rencontra Monsieur Fraise,
Elle le trouva très à son goût
Et lui fit un gros bisou
Monsieur Fraise vira rouge cerise
Il était fort mal à l'aise
Mais tendit bien vite l'autre joue
Pour avoir une autre bise
Depuis ils ne se quittent plus
Chut !… sur une tarte
On les a vus !

19
Romuald
JUIN

La gazette d'Eliot et Margaux

Ils courent, ils courent, les enfants,
À travers le champ joli.
Eliot passe par ici. Margaux repasse par là.
Ils courent, ils courent, les petits.
Eliot fait demi-tour, Margaux est sur ses pas.
Ils courent, ils courent, dans un champ,
Ils cherchent la sortie.
Eliot a le tournis. Margaux fonce tout droit.
Ils courent, ils courent, et ils rient.
Eliot croise un ami, Margaux trouve son papa.
Ils courent, ils courent, dans les blés
Transformés pour l'été…
En labyrinthe par le fermier ! Hé hé hé !

20
Silvère
JUIN

La famille Zinzin

Il est six heures du matin. La porte de la cuisine s'ouvre discrètement.
– Chut ! dit Diane.
Sans faire de bruit, Diane et Étienne sortent un bol et des céréales du placard.
– Je tartine une biscotte de confiture, dit Diane.
– Moi aussi, ajoute Étienne.
Quelques minutes plus tard, les jumeaux poussent la porte de la chambre de papa et maman.
– Bonne fête papa ! crie Étienne.
Papa ouvre un œil.
– Mais il est six heures !
– Nous t'avons préparé ton petit déjeuner au lit, dit Diane très fière.
Encore tout endormi, papa s'assoit dans son lit.
– Tu as un bol de céréales, du jus d'orange et six biscottes, explique Diane.
– Merci les enfants, dit papa en mordant dans une biscotte.
Papa mange avec appétit, puis, quand il a terminé, il renvoie Diane et Étienne se coucher, car il est encore très tôt.

Papa se rendort lorsque la porte de la chambre s'ouvre de nouveau.
– Bonne fête papa ! lancent en chœur Célestine et Barnabé.
Papa se redresse dans son lit.
– Voici un bon petit déjeuner au lit, annonce Célestine.
Cette fois-ci, il y a un bol de chocolat chaud, une part de cake, du jus d'orange et trois tartines.
– Mmm ! dit papa après avoir tout mangé. Merci les enfants ! Mais il est très tôt alors... au lit !
Le ventre un peu lourd, papa se recouche, quand la porte s'ouvre une nouvelle fois.
– Bonne fête papa ! dit Agathe en entrant, un plateau dans les mains. Biscottes, chocolat chaud, tartines, céréales, jus d'orange, cake et œuf à la coque !
Rien de tel qu'un bon petit déjeuner pour bien commencer la journée !

C'EST L'ÉTÉ !

21
Été
JUIN

La famille Zinzin

Ce soir, exceptionnellement, les enfants Zinzin vont se coucher tard. Très tard !
C'est la fête de la musique et toute la famille déambule dans les rues pour écouter les groupes de musiciens.
Là, un joueur de trompette souffle à pleins poumons dans son instrument.
Étienne se bouche les oreilles. Il n'aime pas ce qui fait beaucoup de bruit.
Ici, c'est un orchestre de percussions. Les hommes tapent sur leurs tambours de toutes leurs forces.
Étienne ne veut pas entendre. C'est beaucoup trop fort pour lui.
Un peu plus loin, un groupe chante dans un micro.
Étienne a toujours les mains rivées sur les oreilles.
Et la soirée continue : saxophone, batterie, grosse caisse, guitare électrique...
La famille Zinzin voit de tout et s'amuse beaucoup.
Mais il est vraiment tard. Papa donne le signal du départ.
– Ça vous a plu ? demande-t-il aux enfants.
– Quoi ? hurle Étienne qui retire enfin les mains de ses oreilles.
– Ça vous a plu ? répète papa.
Alors, Étienne, qui n'a rien entendu de la soirée, s'écrie sans hésiter :
– Oh oui ! C'était super !

22
Alban
JUIN

Poisson vole !

Ce matin, Bulli, le poisson, est si content qu'il fait un bond, traverse une vague et se retrouve en l'air.
– Tiens, se dit-il en voyant le ciel, une autre mer ?
Pirouette, la mouette, lui dit :
– Ce n'est pas une mer. C'est le ciel ! Et pour s'y promener, il faut avoir des ailes. Monte sur mon dos, je t'emmène.
Quand la promenade est terminée, Pirouette dit à Bulli :
– À toi ! Emmène-moi nager sous l'eau !
Pirouette s'accroche aux nageoires de Bulli et plouf ! Bulli l'emmène au fond de la mer.
C'est si amusant que chacun recommence, encore et encore.
Et Bulli, le poisson, finit par voler ! Et Pirouette, la mouette, apprend à nager !
Quand vous verrez un poisson dans les nuages et une mouette qui, à coups d'ailes, nage, vous saurez qu'il s'agit de Pirouette et de Bulli !

23
Audrey
JUIN

Cerise et Chocolat

Ho ! Hisse ! Cerise grimpe sur le petit muret. Elle serre fort la main de son papa et elle avance un pied, puis l'autre... Oh là là ! Cerise a peur de tomber ! Soudain, elle aperçoit un moineau qui s'est posé tout là-bas, au bout du muret. Cerise veut marcher plus vite, pour le caresser.
Mais hop ! Le moineau s'envole !
– Il a eu peur, dit papa.
Cerise aimerait bien voler, elle aussi. Alors elle écarte les bras et... youhou !
Elle saute dans les bras de son papa. Papa fait voler Cerise dans le vent de l'été.
– Toi, ma Cerisette, dit-il, tu es mon moineau adoré !

24
Jean-Baptiste
JUIN

L'ourson Caramel

Ce matin-là, Caramel découvre une ruche.
– Youpi ! Je vais me régaler ! se réjouit-il.
Le miel est sa gourmandise favorite.
Mais les abeilles sont nombreuses à monter la garde.
Caramel s'approche doucement de la ruche
et donne un grand coup de griffes pour l'ouvrir.
Quelle splendeur ! Le miel dégouline. L'ours se pourlèche les babines.
Mais les abeilles en colère se rassemblent et foncent droit sur le voleur.
Biiizzz, Caramel s'empare d'un rayon de miel et file à toute vitesse.
Il se réfugie dans un vieux tronc d'arbre. Enfin à l'abri, il se régale. Mmm !

25
Prosper
JUIN

Camille et Timinou

Il fait chaud, c'est l'été. Camille dort sous un palmier.
Maman est là, pas loin, allongée dans le foin.
Une guêpe, tout d'un coup, se met à bourdonner.
Elle se pose sur le cou de Camille qui cesse de chanter.
Guêpe noire, guêpe jaune, guêpe noire et jaune,
tu es très belle, mais cruelle.
Camille voudrait crier mais sa gorge est bloquée.
Pas un mot n'en sort, coquin de sort !
Guêpe jaune, guêpe noire, ton aiguillon est sans espoir.
Camille a peur, sans bruit elle pleure.
Maman se lève doucement, c'est la meilleure des mamans.
Elle arrive à pas de loup, s'approche et « hou hou ! »
Son cri chasse la guêpe, qui s'envole en zonzonnant.
C'est l'heure des crêpes ! Camille sourit à maman.

26
Anthelme
JUIN

Des sandales-cheval

Marie a des fourmis dans les pieds. Il est temps de partir à l'aventure.
Alors, elle voudrait des sandales-cheval pour traverser les prairies.
Ou bien des sandales-hippopotame, pour patauger dans la boue.
Ou encore, des sandales-macaque pour grimper dans les arbres.
– Nous n'avons pas ça, mademoiselle, s'excuse la vendeuse.
– Mais quand même, vous avez bien des sandales-kangourou pour bondir par-dessus les rivières ou peut-être des sandales-canard pour aller voir au fond de la mare ou bien des sandales-taupe pour creuser des tunnels ?
– Non, désolée, aucun de ces modèles.
– Même pas une petite paire de sandales-tigre pour bondir, de sandales-pieuvre pour explorer les épaves et pas la moindre paire de sandales ailées pour décoller ?
Bon, eh bien, c'est tout vu : cet été, je vais rester pieds nus !

27
Fernand
JUIN

Titounail l'épouvantail

Aujourd'hui, Titounail l'épouvantail est énervé.
– Non ! Non et non ! Les cerises restent dans le cerisier !
Interdit de les manger !
Mais les oiseaux rient, les oiseaux ne l'écoutent pas,
en cueillent par-ci, en cueillent par-là ;
ils n'en font qu'à leur tête !
Titounail en a vite aux oreilles, sur son chapeau,
accrochées aux boutons de son manteau !
Il s'admire alors dans la mare et se trouve très beau !
Il se fait des risettes !
Les oiseaux en profitent pour picorer par-ci, picorer par-là,
en bref se faire un bon repas !
Quand Titounail lève le nez,
il y a bien des trous dans le cerisier,
mais il n'est pas trop dépouillé !
Les oiseaux n'en ont fait qu'à leur tête,
et c'était une bien belle fête !

28
Irénée
JUIN

Les délices de Réglisse

Girafette est tellement grande qu'elle ne peut manger que ce qu'elle trouve tout là-haut : des feuilles d'acacia.
– J'en ai marre à la fin des feuilles d'acacia ! soupire-t-elle.
Il y a tant de bonnes choses à déguster : du melon d'Espagne, de la batavia et des petits pains au chocolat.
Rien que d'y penser, Girafette en salive déjà.
Réglisse, qui a tout entendu, disparaît dans sa cuisine… puis réapparaît avec tous ces délices !
Il grimpe en haut de l'acacia et y dépose les plats.
– Oh ! Merci Réglisse ! fond Girafette. Pour la peine, je t'offre un tour de toboggan !
– Youpiiiiii ! crie le petit ouistiti.

29
Paul, Pierre
JUIN

La barque perdue

Marius, le marin, est parti pêcher en mer.
Mais les vagues et la tempête se sont moquées de lui.
Il n'a pas pris un seul poisson et il est au large, perdu.
Un poisson volant saute autour de sa barque.
– Suis-moi, Marius, le port est par là !
Une pieuvre jette ses tentacules sur le pont.
– Ne l'écoute pas, Marius ! Ce poisson dit n'importe quoi !
Le port est de l'autre côté, c'est moi qui dis la vérité !
Et puis voilà une sirène qui se met à chanter :
– Marius, je suis la seule à connaître la mer !
Je chante pour toi ! Suis le son de ma voix.
Maintenant, tous les poissons de la mer lui parlent à la fois :
– C'est par ici ! Non par ici ! C'est par là, Marius, crois-moi !
Marius a le tournis. Il est tellement désemparé, entouré d'eau sombre et agitée !
Soudain, il lève les yeux vers le ciel. Là-haut, la nuit est si paisible.
Il cesse d'écouter le bavardage des poissons. Il met le cap sur une étoile qui brille devant lui. Et il retrouve sa maison.

30
Martial
JUIN

Au revoir maîtresse !

Ce matin, Mireille sort avec un sécateur dans les mains. Normalement elle n'a pas le droit de couper les belles grandes fleurs du jardin. Mais aujourd'hui c'est exceptionnel ! C'est une surprise pour dire au revoir à la maîtresse.
Hier en classe, c'est Saïd qui a eu l'idée. Il a dit :
– Si chacun amène une fleur et qu'on les met toutes ensemble, ça fera un gros bouquet !
Et c'est vrai ! Plus tard, quand tout le monde a mis sa fleur sur la table, avec l'aide de Monique, la dame de service, ça a fait un très gros bouquet.
Et la maîtresse était tellement contente qu'elle a pleuré !

1
Thierry
JUILLET

Cerise et Chocolat

Cerise aime bien la mer. Au bord de l'eau, elle mouille ses pieds avec son arrosoir. Mais soudain, une grosse vague arrive par derrière et l'éclabousse tout entière !
– Méchante vague ! crie Cerise. Tu m'as fait peur ! Puisque c'est comme ça, je vais éclabousser quelqu'un moi aussi !
Et Cerise se met à faire le petit chien en tapant très fort ses pieds et ses mains dans l'eau. Maman dit :
– Vilain petit chien !
Puis elle prend Cerise dans ses bras et l'entraîne loin dans la mer.
– Allez, viens ma petite grenouille ! On va nager jusqu'en Amérique !

2
Martinien
JUILLET

Drôle de pique-nique !

Ce matin, le ciel s'est trompé. Il a oublié de mettre son habit d'été.
Pourtant Léo avait prévu de faire un pique-nique.
Tant pis, maman lui prépare quand même un sandwich.
– Bon, je pars, dit-il, dans la forêt lointaine et profonde, mais ne t'inquiète pas maman, je reviendrai avant la nuit.
Puis il enfile sa veste, et le voilà parti !
Il sort sur le balcon qui est protégé de la pluie, et il étend une nappe au sol.
– Bon, j'y suis, dit-il. Si je mangeais ? Bon appétit !

3
Thomas
JUILLET

La garde-robe de Tino

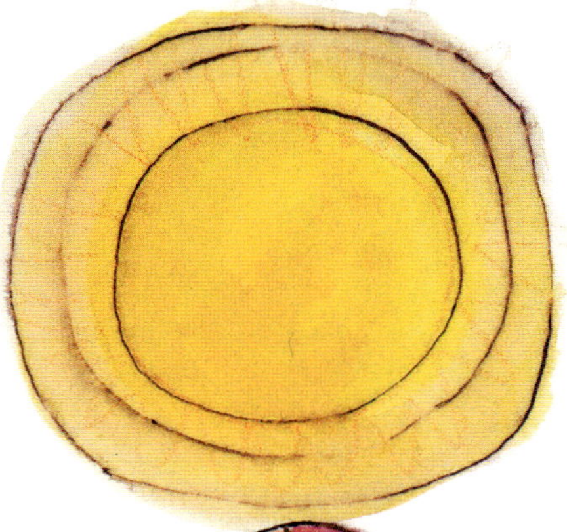

Que fait Tino en automne quand le vent commence à souffler ?
Il met sa belle écharpe rayée. C'est sa maman qui l'a tricotée.
Et que fait-il en hiver quand le vent devient glacé ?
Il met aussi son bonnet.
Et que fait-il au printemps quand le vent devient léger ?
Eh bien, il range écharpe et bonnet, et il met son chemisier.
Et que fait Tino en été quand le vent disparaît ?
Eh bien, il met sa casquette et il enlève son chemisier,
et il court tout nu sur la route ensoleillée !

4
Florent
JUILLET

L'ourson Caramel

Caramel fait la sieste… Soudain, un papillon lui chatouille le bout du nez.
Caramel se réveille et observe l'insecte danser dans le ciel.
– Je vais t'attraper ! décide-t-il en bondissant sur ses pattes.
Tu as de jolies couleurs, alors tu dois être délicieux.
Et le petit ours bondit derrière le papillon. Il suit les mouvements
de l'insecte qui virevolte de-ci de-là.
Soudain, le papillon se pose sur une belle fleur bleue.
Caramel prend son élan et zoup ! se jette sur sa proie.
Hélas, le papillon se sauve… et le petit ours, lui, atterrit dans les chardons !
Ouiaïouille !

5
Antoine
JUILLET

Le loup et les sept chevreaux

Un jour, maman chèvre dit à ses sept chevreaux :
– Pendant mon absence, n'ouvrez à personne ! Surtout pas au loup !
– Comment le reconnaîtrons-nous ? demandèrent les chevreaux.
– Il a une grosse voix et des pattes toutes noires.
À peine était-elle partie que le loup frappa à la porte.
– Je suis votre mère, mes petits ! rusa-t-il. Ouvrez-moi, j'ai oublié ma clé !
Mais les chevreaux le reconnurent.
– Tu es le loup ! Tu as une grosse voix !
Le loup courut demander du miel aux abeilles pour adoucir sa voix.
Puis il revint et dit :
– Ouvrez-moi, mes petits, je suis votre maman !
– Montre-nous ta patte ! exigèrent les chevreaux.
Le loup montra sa patte.
– Elle est toute noire ! Tu es le loup !
Le loup courut au moulin tremper sa patte dans la farine.
Trompés par sa voix douce et sa patte blanche, les chevreaux lui ouvrirent la porte.
Il les mangea tous, sauf le plus petit qui s'était caché dans l'horloge.
Imaginez le chagrin de la pauvre chèvre quand elle rentra !
Par chance, le loup s'était endormi à l'ombre d'un arbre pour digérer.
Car ce gros glouton avait avalé les chevreaux sans même les mâcher.
On les voyait bouger sous la peau de son ventre !
Vite, vite, la chèvre alla chercher une paire de ciseaux, ouvrit le ventre du loup et en sortit ses petits. Puis elle mit des pierres à la place.
Quand le loup s'éveilla, il eut soif. Il se pencha vers l'étang pour boire.
Entraîné par le poids des pierres, il tomba dedans et se noya.

6
Mariette
JUILLET

TÊTE EN L'AIR

Tout rose
Tout rond,
C'est un cochon tout mignon.
En maillot de bain fleuri,
Avec des chaussures vernies
Et dans les yeux un petit bout de ciel bleu,
C'est un cochon amoureux…
Car c'est ainsi :
Les amoureux sont toujours étourdis !

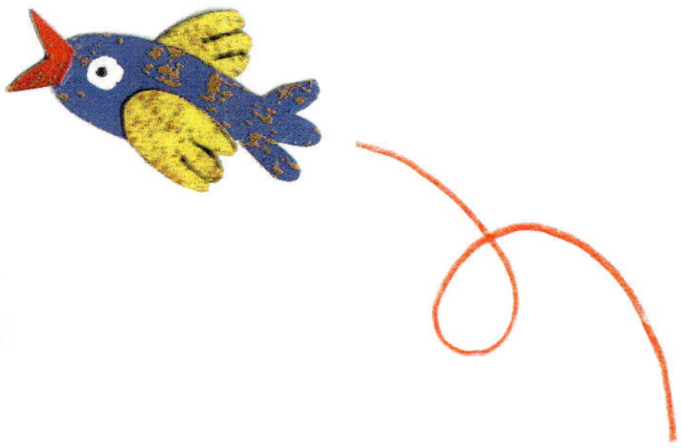

7
Raoul
JUILLET

Les bêtises de Mariboulette et Tourlourou

Mariboulette et Tourlourou couraient vers la mer si bleue. Ils jetèrent leur bateau pneumatique sur la première vague.
– Tout au bout de la mer, c'est l'Amérique, où vivent les Indiens ! dit Tourlourou.
– Et si on y allait, en Amérique, puisqu'on a un bateau ?!
Et ils ramèrent vers le large, très loin. Trop loin. Une vague souleva le bateau.
Plaouf ! Ils échouèrent sur un rivage. L'Amérique ?
– Ouah ! Un Indien ! cria Mariboulette !
Mais non ! La vague les avait ramenés sur la plage.
C'était papa qui arrivait en courant, tout affolé.
Ils n'avaient pas remarqué qu'il était si bronzé !

8
Thibault
JUILLET

Je serai… cuisinière !

– Quand je serai grande, je serai cuisinière, dit Petite Sorcière. J'ouvrirai un restaurant dégoûtant que j'appellerai « Au serpent gluant ». Au menu, en entrée, je proposerai des grillons grillés marinés aromatisés aux pets d'araignée. Puis, pour se rincer le gosier, un petit jus de crapaud tout frais. Ensuite, sur la cheminée, je ferai cuire à feu doux des poils de hibou et des œufs de pou. Ensuite viendront les vers de terre en gelée à la crème de crottes de nez. Et si quelqu'un a encore faim, je cuisinerai une tarte aux orties accompagnée de chardons bien pointus. Miam ! On va se régaler… Venez nombreux, je vous attends !

9
Amandine
JUILLET

Titounail l'épouvantail

Aux pieds de Titounail l'épouvantail,
il y a plein de petites fleurs jaunes.
– Comme vous êtes jolies ! leur dit-il.
Une tête se dresse :
– Merci ! Mais sais-tu que nous faisons de la magie ?
Titounail sourit.
Les jours passent, et un matin, plus de fleurs jaunes,
mais des milliers de pompons blancs.
– Comme vous êtes jolis ! leur dit Titounail.
– Merci ! Mais nous faisons de la mag…
– Atchaaa !
Titounail éternue. Les pompons blancs
se dispersent au vent en criant :
– À tes souhaits, Titounail !
Eh bien, ce soir-là, vous me croirez ou pas, Titounail
est allé au bal et a rencontré une dame épouvantail !

10
Ulrich
JUILLET

La famille Zinzin

Papinou et maminette ont emmené les enfants à la pêche à la crevette. Épuisette à la main et sandalettes aux pieds, chacun explore les mares pour y trouver des crevettes ou de petits crabes.

– C'est difficile ! pleurniche Diane, alors qu'une crevette lui file entre les doigts.

Un peu plus loin, Étienne a retiré ses chaussures et barbote les pieds dans l'eau.

– Tu ne pêches pas ? lui demande papinou.

– Si ! J'ai inventé une machine à pêcher les crabes.

– Et ça marche ? interroge papinou.

– Oui, regarde !

Étienne sort les pieds de l'eau. Quatre minuscules crabes sont accrochés grâce à leurs pinces à ses petits orteils !

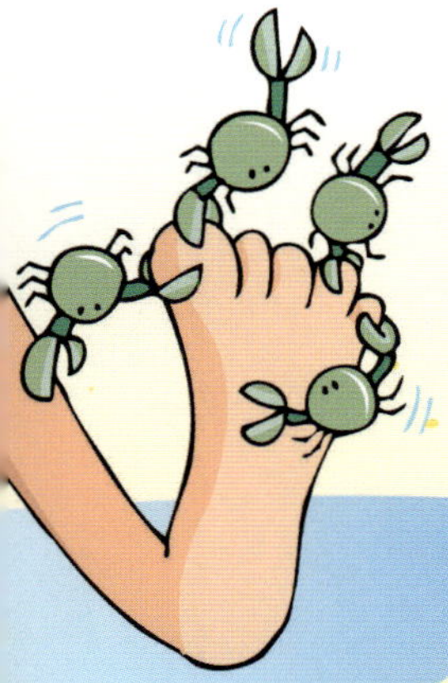

11
Yolande
JUILLET

Dis papy, pourquoi ?

En visite dans une ferme avec son papy, Wendy découvre des animaux qu'elle ne connaît pas. Elle caresse doucement deux jolis lapins blancs.

– Dis papy, pourquoi les lapins ont des grandes oreilles ?

Papy en prend un dans ses mains :

– Lorsqu'ils sont petits, les lapins sont de grands coquins ! Ils aiment courir partout et faire de grosses bêtises. Ils aiment aussi se cacher, et leurs mamans doivent aller les chercher. Heureusement, avec leurs longues oreilles qui dépassent de l'herbe, les mamans ne mettent pas longtemps à les retrouver, et ils sont bien attrapés !

12
Olivier
JUILLET

M. Mille-Pattes fait du pédalo

Quand il est en vacances au bord du lac, M. Mille-Pattes loue un pédalo. Chaque fois, quelle organisation ! Toutes ses pattes veulent pédaler et il doit les faire obéir avant qu'une bagarre de pattes n'éclate et ne renverse le pédalo.
– Allons, chacune votre tour, mesdames les pattes ! Deux par deux s'il vous plaît.
Pour les pattes qui ne pédalent pas, il trouve des occupations : il y en a qui pêchent des poissons, d'autres qui font du ski nautique à fond, de la nage ou des plongeons. D'autres qui bronzent sur le pont ou qui attrapent des papillons, qui jouent au ballon ou qui coupent du saucisson.
Toute cette agitation met le lac en ébullition.
De grosses vagues secouent le pédalo et M. Mille-Pattes tombe à l'eau.
Alors, il rentre à la nage, si vexé que pas une seule patte n'ose râler !

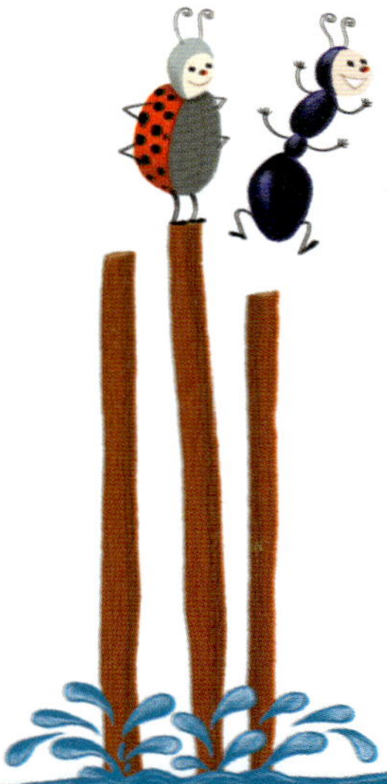

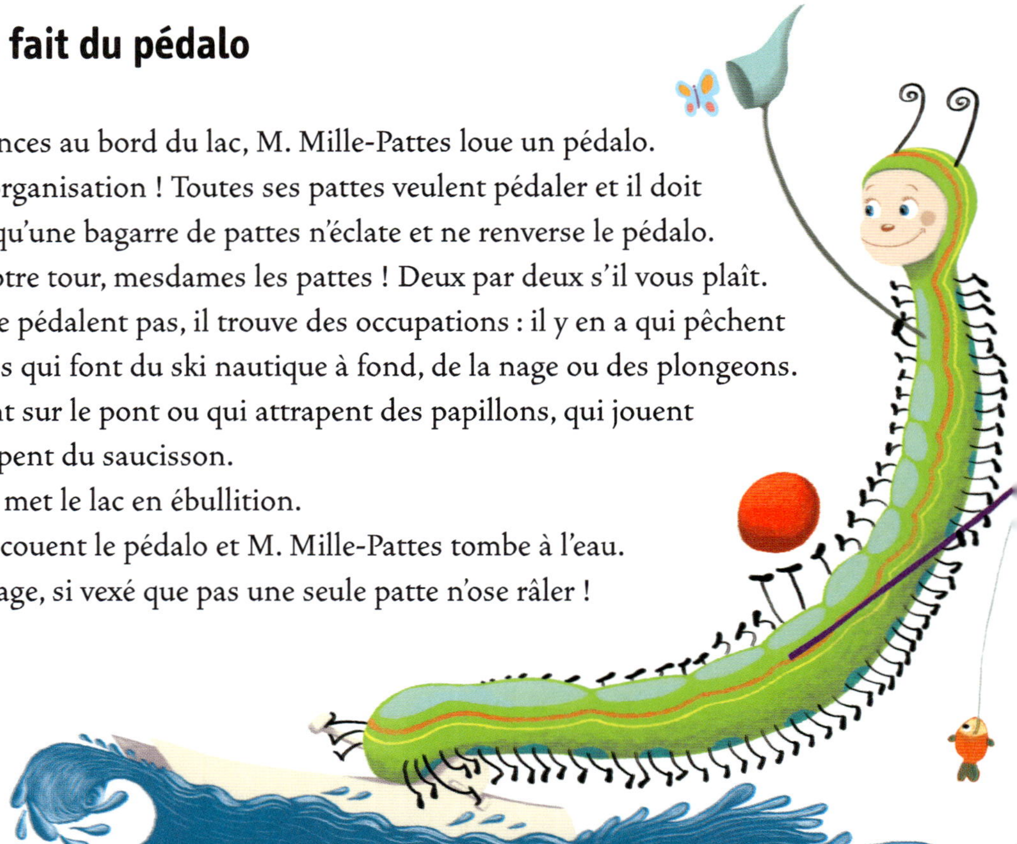

13
Enzo
JUILLET

Cerise et Chocolat

Ce soir, Cerise regarde la nuit de l'été avec papa. Le ciel est tout illuminé d'étoiles.
Papa parle tout bas et montre avec son doigt.
– Regarde Cerise ! Cette étoile qui brille, là, c'est l'étoile du berger.
Elle protège tous les enfants qui dorment.
Cerise saute en levant les mains en l'air. Elle dit :
– Moi, je vais attraper la lune, pour la croquer, comme un croissant au beurre !
Puis elle tourne et danse. Papa lui dit :
– Viens ma petite étoile filante, maintenant, il est l'heure d'aller au lit !

14
Fête nationale
JUILLET

Les bêtises de Mariboulette et Tourlourou

Tourlourou court dans les rues ensoleillées. Mariboulette tente de le suivre :
– Où tu vas ?
– Aujourd'hui, c'est le 14 Juillet ! Je vais fêter ça avec Marek !
– Qu'est-ce que c'est, le 14 Juillet ?
– C'est la fête du jour où on a chassé les rois ! Depuis, y a plus de roi en France ! Alors on fait la fête !
– Ah bon ? J'aime bien ça, moi, les rois ! Et les princesses aussi…
– Oui, ben, y en a plus ! Du coup, on fait exploser des pétards !
– Des pétards ? Pourquoi des pétards ?
– Pour faire peur aux rois ! Pour qu'ils ne reviennent pas !
Marek est là, au coin de la rue, qui les attend.
– Venez vite ! leur lance-t-il.
Et les trois enfants se dirigent vers l'orée de la forêt. À l'abri des premiers arbres, Marek prend soudain des airs de conspirateur, et sort très cérémonieusement de sa poche un pétard à mèche.
– Les rois se cachent dans la forêt ? demande Mariboulette.
Sans lui répondre, les deux garçons allument la mèche du premier pétard, puis le recouvrent d'une vieille boîte de conserve, et courent se mettre à l'abri.
Le pétard explose ! La boîte de conserve saute en l'air, baoum ! Les garçons crient leur joie.
Une grosse voix furibarde rugit soudain :
– Bande de petits voyous ! Je vais vous apprendre à faire peur à mon chien !
– Filons ! crie Marek. C'est le père Mathieu ! C'est le roi des enquiquineurs, celui-là !
Et tandis que les enfants s'éparpillent comme une volée de moineaux, Mariboulette souffle à son frère :
– En tout cas, les pétards, ça marche peut-être avec les autres rois, mais pas avec le roi des enquiquineurs !

15
Donald
JUILLET

Camille et Timinou

Camille glisse sur le grand toboggan.
Elle va vite, le vent fait danser ses cheveux.
Une bosse ! Elle la franchit d'un bond, retrouve l'équilibre et pousse un cri de bonheur. Vite, toujours plus vite, elle franchit deux virages.
Mais le troisième est très dangereux. Camille n'arrive pas à freiner.
Son cœur s'affole, ses mains se crispent. C'est le grand saut. Plouf ! Camille plonge dans la piscine qui se trouvait sous le toboggan. Maman l'observe, pas inquiète du tout. Elle bat des mains et s'exclame :
– Bravo !
Camille lui répond :
– Finalement, c'est drôle d'avoir peur. Encore un tour s'il te plaît. Vite !

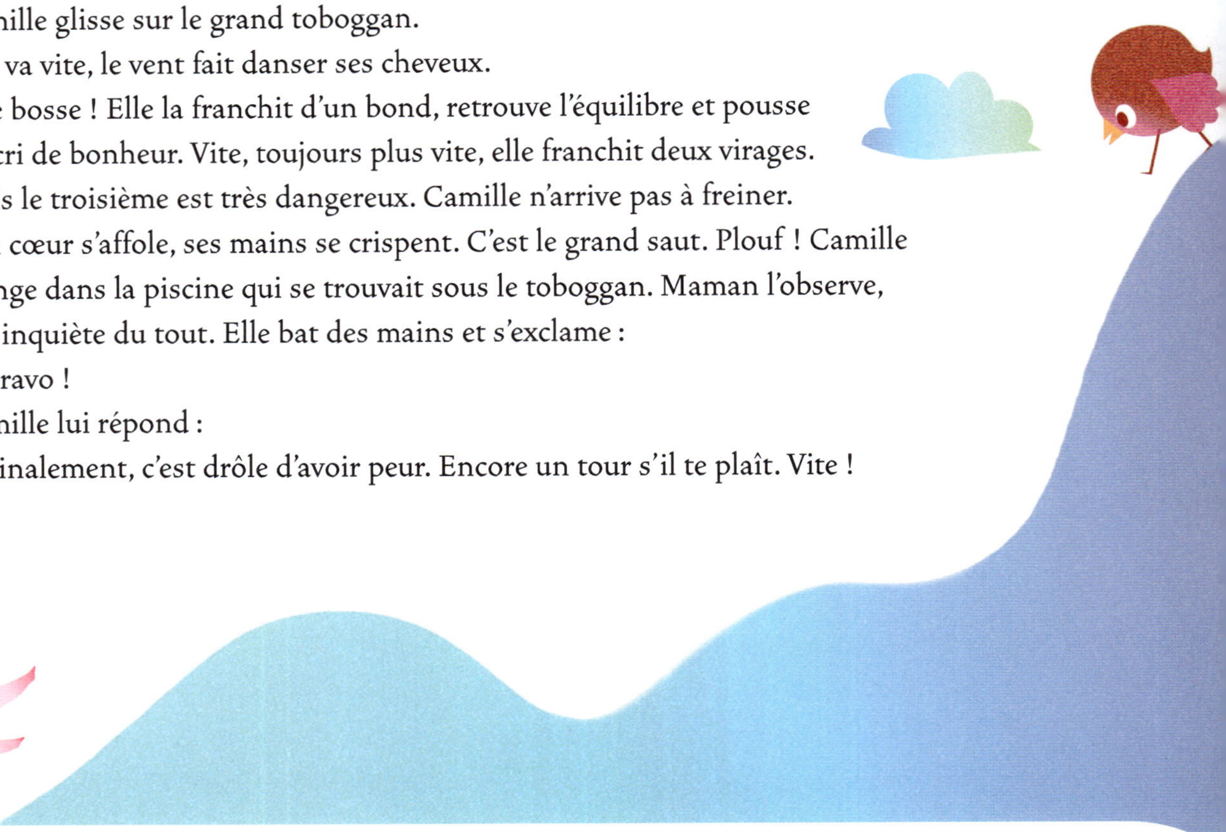

16
Elvire
JUILLET

Les délices de Réglisse

Timéo a décidé d'apprendre à cuisiner.
– Nous allons faire un gâteau au yaourt ! annonce Réglisse.
Timéo commence à verser la farine mais… il prend le paquet à l'envers !
– C'est malin, dit Réglisse, tu en as mis partout ! Bon, maintenant, il faut casser les œufs dans le saladier.
Pour les œufs, ce n'est pas mieux : Timéo les fait tomber par terre !
– Oh non ! se désole Réglisse. Bon, il nous reste le yaourt. Où est le yaourt ?
– Oups ! Je l'ai mangé, rougit Timéo.
Réglisse est découragé.
– Pour le gâteau c'est fichu ! Je vais plutôt t'apprendre à faire du pain grillé !
Les tartines étaient délicieuses !
Timéo a même reçu le diplôme du « Meilleur cuisinier en pain grillé ».

17
Charlotte
JUILLET

La famille Zinzin

Quelle excitation ! Ce soir, les enfants Zinzin dorment sous la tente.
Seul Félix est resté dans la maison.
– Il est trop petit, dit fièrement Étienne.
– Il aurait eu peur des chauves-souris, renchérit Célestine.
– Il y a des chauves-souris ? s'inquiète Barnabé.
– Mais non ! dit Célestine. Enfin, je ne crois pas...
– Elles sont toutes petites, rassure Agathe. C'est papa qui me l'a dit.
– Ça veut dire qu'il en a vu ? demande Barnabé.
– Euh... répond Agathe, un peu tremblante. Je vais lui demander.
– Je viens avec toi ! crient les quatre autres.
Finalement, ce soir, les enfants Zinzin dormiront... dans leurs chambres !

18
Frédéric
JUILLET

Salut comment ça va ? Cui-cui-cui

Il y a une corde à linge dans le jardin d'Ophélie.
Elle relie deux arbres entre eux, comme s'ils étaient des amis.
Comme il fait froid en décembre, on n'y met pas de linge et la corde reste libre.
Et les oiseaux s'y posent et ils discutent sur le fil.
– Salut ! Comment ça va pour toi ?
– Ça va très bien, cui-cui-cui.
Par contre au mois de juillet, le fil porte des chaussettes, des pantalons, et des slips..., et si un oiseau arrive :
– Attention, ne salis pas le linge ! Essuie tes pattes ! crie Ophélie.

19
Arsène
JUILLET

Le Petit Chaperon rouge

Il était une fois une petite fille tout habillée de rouge que l'on surnommait « le Petit Chaperon rouge ». Un jour, sa maman lui dit :
– Va porter une galette et un pot de beurre à ta grand-mère qui est malade.
La petite fille obéit et, en chemin, elle rencontra le loup qu'elle prit pour un gros chien.
– Où vas-tu ? lui demanda-t-il.
– Chez ma grand-mère.
– Où habite-t-elle ?
– Dans la forêt.
Ce n'était pas tombé dans l'oreille d'un sourd ! Vite, vite, le loup courut jusqu'à la maisonnette de la grand-mère et frappa à la porte.
– Qui est-ce ? cria la grand-mère.
– Le Petit Chaperon rouge, répondit le loup d'une toute petite voix.
– Tire la chevillette et la bobinette cherra !
Le loup entra, dévora la grand-mère et se coucha à sa place dans le lit.
Arriva le Petit Chaperon rouge, qui s'étonna en la voyant :
– Comme tu as de grands yeux, grand-mère !
– C'est pour mieux te voir, mon enfant ! minauda le loup.
– Comme tu as un grand nez, grand-mère !
– C'est pour mieux te sentir, mon enfant !
– Comme tu as de grandes dents, grand-mère !
– C'est pour mieux te manger, mon enfant !
Le loup sauta sur elle et la mangea, avec son panier et ce qu'il y avait dedans.
Or, dans le pot de beurre, il y avait un petit couteau très pointu.
Le Petit Chaperon rouge, qui n'était pas si sotte qu'elle en avait l'air, découpa le ventre du loup de l'intérieur. Par le trou, elle et sa grand-mère sortirent. Et le loup eut si mal au ventre que, désormais, il ne mangea plus que des champignons !

20
Marina
JUILLET

Les délices de Réglisse

Adam, l'éléphant, est déprimé : il se sent lourd, il se trouve gros.
Réglisse réfléchit. Il aimerait tant redonner le sourire à son ami.
– J'ai une idée ! s'écrie-t-il.
Dans une énorme casserole, Réglisse prépare une pâte rose et collante.
– Du chewing-gum ? interroge Adam, les yeux tout ronds.
– Mâche-le longtemps, fais une énorme bulle et tu auras une surprise ! sourit Réglisse.
Adam s'exécute et... oh ! ses pattes décollent du sol !
– Je vole ! rit l'éléphant. Je me sens léger comme une plume !
Ce jour-là, tout le monde a été bien surpris de voir un éléphant voler.
Depuis, Adam s'est même remis à chanter !

21
Victor
JUILLET

Ludo, roi

Ludo est à la plage. Il fait un château de sable.
Ça y est, le château est beau ! Il se dresse devant la mer. Ludo est fier !
Ludo est roi ! Mais la mer monte de vague en vague...
Ludo se dresse : – Va-t-en, tu entends, c'est moi le roi !
Mais la mer n'a pas d'oreilles et elle ne l'entend pas.
Alors Ludo fait de grands gestes pour qu'elle s'en aille...
Mais la mer n'a pas d'yeux et elle ne le voit pas.
Alors, la première tour tombe, puis la seconde,
puis le château disparaît, englouti par les vagues.
Désappointé, Ludo s'en va...
Mais son papa l'attrape et l'installe sur ses épaules !
De là, château ou pas, Ludo est plus grand qu'un roi !

22
Madeleine
JUILLET

L'oiseau qui chantait plus grand que son bec !

Pioupiou chantait tout le jour. Une fleur s'ouvrait, il chantait.
Un papillon se posait, il chantait. À trop chanter, un malheur finit par lui arriver. En plein cui-cui, son bec se coinça.
Un écureuil passait par là :
– Eh bien, petit, tu as mal aux dents ?
La pie se moqua :
– Les oiseaux n'ont pas de dents, ignorant !
La souris déclara :
– Il a faim !
Et elle voulut lui verser des graines dans le gosier. Pioupiou fit « non » de la tête, affolé ! Il avait peur de s'étouffer. Tous les animaux se rassemblèrent autour de Pioupiou qui faisait de grands gestes, le bec ouvert. Que voulait-il donc dire ? Personne ne le sut ! On attendit que la chouette se réveille.
Elle comprit tout de suite ce qui se passait. Elle décoinça le bec de l'oiseau qui en remerciement lui chanta un cui-cui plein de trémolos.
Depuis, Pioupiou ne chante plus que la nuit, toute la nuit.
Et, parfois, la chouette regrette de lui avoir décoincé le bec !

23
Brigitte
JUILLET

Je serai... parfumeur !

– Moi, quand je serai grand, je ne sais pas ce que je ferai, dit Putois.
– J'ai une idée ! dit Lapin. Tu pourrais être parfumeur. Tu cueillerais des fleurs et tu fabriquerais des parfums au thym, au jasmin, au romarin. Des eaux de toilette à la pâquerette. Des bains moussants à l'huile d'argan et des déodorants...
– Lapin ! tu te moques de moi ? dit Putois. Tu dis ça parce que je sens mauvais, ou quoi ?
– Mais pas du tout ! dit Lapin en tournant les talons.
Et Lapin retourna dans la forêt... en se bouchant le nez !

24
Christine
JUILLET

POUR TOI !

Quand mes joues rosissent
Quand mon nez se plisse
Quand mon cœur vroum vroum
Quand mon cœur badaboum
J'ai des bisous plein les lèvres
Des câlins plein les bras
Câlin-caha tout est pour toi !

25
Jacques
JUILLET

Camille et Timinou

Camille fait du camping avec papa et maman. Ce matin, elle se lève la première, enfile ses chaussures et part se promener avec Timinou. Mais quelque chose chatouille son petit doigt de pied. C'est très désagréable.
Camille s'assoit. Elle enlève une basket et découvre… une araignée noire et velue. Quelle horreur !
L'araignée a aussi peur que Camille. Elle sort de sa cachette et s'enfuit en agitant ses huit pattes, si vite que Timinou n'a pas le temps de la rattraper !

26
Anne
JUILLET

Dis papy, pourquoi ?

Cet été, papy emmène Wendy au bord de la mer. Sur la plage, Wendy ramasse des coquillages. Lorsqu'elle revient, elle a une étoile de mer dans la main.
– Dis papy, pourquoi il y a des étoiles dans la mer ?
Papy tripote sa casquette :
– Il y a très, très longtemps, une petite étoile dans le ciel rêvait de voyager. La nuit, c'est bien joli, mais elle avait envie de voir d'autres pays ! Alors, un beau matin, elle a pris son sac et elle est partie. Mais comme elle ne savait pas trop voler, elle est tombée dans la mer. Trouvant ça magnifique, la petite étoile a décidé d'y rester, et elle est devenue la toute première étoile de mer.

27
Nathalie
JUILLET

Les bêtises de Mariboulette et Tourlourou

Ce matin, Mariboulette ne veut pas aller à l'école. D'un coup, elle lâche la main de papa et se sauve, et s'échappe, vite, vite ! Elle passe devant l'entrée de l'école sans s'arrêter. Papa lui crie de revenir ! Mais non. Elle trotte sur ses petites jambes. Elle suit son trottoir. Ne traverse pas la rue, c'est trop dangereux. Elle ne sait plus où elle est. Elle aperçoit une porte ouverte sur une cour d'où proviennent des voix. Elle s'y réfugie. Et se retrouve dans son école ! Elle a fait le tour du pâté de maisons et est revenue à son point de départ ! Sa maîtresse l'accueille avec un joli sourire. Raté.

28
Samson
JUILLET

L'ourson Caramel

– Caramel, tu viens ?
– J'arrive Myrtille !
Un panier à la patte, l'ours sort de sa tanière.
– C'est par là !
Caramel suit son amie. Ils arrivent aux abords d'une clairière dans laquelle il y a de fabuleuses baies qui poussent : framboises, fraises, airelles...
Miam ! Caramel en a l'eau à la bouche.
– Caramel, on remplit nos paniers et on rentre préparer des gâteaux, d'accord ?
Les deux ours se mettent au travail.
– J'ai fini ! annonce Myrtille, son panier plein à ras bord. Mais... Caramel, ton panier est vide !
– Euh, oui mais mon ventre est plein, lui... ! bafouille Caramel, le museau barbouillé de jus de fruits !

29
Marthe
JUILLET

Le petit pain du matin

C'est le petit matin. Nanou sort dans le jardin.
– Petite fourmi, petite fourmi ! crie-t-elle en arrivant près des racines du grand chêne. Je t'ai apporté du pain !
Et une petite fourmi vient.
Puis Nanou regarde en l'air.
– Petit oiseau, petit oiseau ! crie-t-elle en observant dans le ciel. Je t'ai apporté du pain !
Et un petit oiseau vient.
Puis c'est Nanou qu'on appelle.
– Petite Nanou, petite Nanou ! crie sa maman à la fenêtre. Viens, je t'ai fait griller du pain !

30
Juliette
JUILLET

La gazette d'Eliot et Margaux

Eliot et Margaux sont partis camper avec papa.
Et ce soir, papa raconte des histoires qui font peur.
– Connaissez-vous le Dahu ? C'est une grosse bestiole qui a une patte plus courte que l'autre.
La nuit, elle s'approche sans faire de bruit… Et soudain elle crie : « Dahuuu ! »
Eliot et Margaux sursautent. Ils ont eu très peur. Papa rit aux éclats de sa blague.
Les Dahus, ça n'existe pas ! Mais soudain, dans la nuit, un cri résonne :
« Dahuuu ! » Gloups ! Cette fois c'est papa qui a eu très peur !

31
Ignace de Loyola
JUILLET

Titounail l'épouvantail

Bzzzzz Bzzz Bzzzz
Attention ! Danger !
Les abeilles sont très énervées !
Deux reines se sont disputées !
L'une des deux se retrouve alors à la porte
avec toute son escorte !
Bzzzzz Bzzz Bzzzz
Attention ! Danger !
Titounail l'épouvantail veut les aider :
– Si vous le voulez,
je peux quelque temps vous abriter !
Dans le creux de sa manche,
elles restent du lundi au dimanche.
Quand enfin elles trouvent la ruche espérée,
Bzzzzz Bzzz Bzzzz
Plus de danger !
Elles font à Titounail des bizzzous d'amitié.
Bzzzzz Bzzz Bzzzz
Les voilà envolées !

1
Alphonse
AOÛT

Cendrillon

Cendrillon travaillait du matin au soir pendant qu'Anastasie et Javotte, ses méchantes demi-sœurs, se pomponnaient dans leurs chambres.
Un jour, le roi organisa un grand bal en l'honneur de son fils, le prince charmant.
Anastasie et Javotte, comme toutes les jeunes filles du royaume, y furent invitées.
Mais Cendrillon resta à la maison, dans ses vieux habits déchirés.
Elle pleurait quand sa marraine la fée apparut.
– Apporte-moi une citrouille, deux rats et quatre souris, lui dit-elle.
Cendrillon obéit, et la fée transforma la citrouille en carrosse, les rats en laquais et les souris en chevaux blancs. Puis, d'un coup de baguette magique, elle changea les vieux habits de Cendrillon en une robe magnifique et ses vilains chaussons en pantoufles de verre.
– Surveille l'heure, car au dernier coup de minuit tout redeviendra comme avant, la prévint sa marraine.
L'arrivée de Cendrillon au bal fit sensation. Le prince ne dansa qu'avec elle.
Dans ses bras, la jeune fille ne vit pas passer le temps. Lorsque sonna minuit, elle se rappela le conseil de la fée et se sauva si vite qu'elle perdit l'une de ses pantoufles de verre.
Le prince la ramassa et la fit essayer à toutes les jeunes filles du royaume, dans l'espoir de retrouver sa belle cavalière. Mais la pantoufle n'allait à personne…
Sauf à Cendrillon, qui passa la dernière !
Malgré ses habits déchirés, le prince la reconnut et la demanda en mariage.
Anastasie et Javotte en furent malades de jalousie !

2
Julien
AOÛT

Cerise et Chocolat

Maman a fait de la confiture de framboises.
– Miam !... Ça sent bon ! dit Cerise. Et ce petit pot est juste à ma taille !
Cerise trempe son petit doigt dans le pot et le lèche. Une fois pour goûter, encore une fois, une autre fois, une toute dernière fois. Quand maman arrive, le pot est vide !
– Qui a mangé la confiture ? demande-t-elle.
Cerise montre Chocolat.
– C'est lui ! Il mérite une fessée !
Maman fronce les sourcils... Cerise montre aussi sa poupée et dit :
– C'est elle ! Elle est trop gourmande.
Puis Cerise réfléchit et ajoute :
– Moi, je les ai juste un peu aidés, pour qu'ils n'aient pas trop mal au ventre !

3
Lydie
AOÛT

Je serai... cavalier !

– Plus tard, dit Poulain, je serai cavalier. Le meilleur de tous ! Je gagnerai toutes les courses. Je serai si célèbre que je ferai le tour du monde en avion.
– Ah ah ah ! rit Mouton. Tu as perdu la tête, Poulain ! Tu ne seras pas cavalier, tu seras cheval, comme ton père. Tu marcheras au pas, tu trotteras ou galoperas, mais tu feras ce que ton cavalier te dira !
– Mais pas du tout, dit Poulain. Je serai cavalier pour « êtres humains » ! Je grimperai sur leur dos et hop, au trot !
– Cavalier d'êtres humains ? Mais ça n'existe pas ! s'exclame Mouton.
– Ça n'existe pas encore, tu veux dire. Mais crois-moi, je serai cavalier ! Le meilleur de tous ! Et je gagnerai toutes les courses !
Soudain, dans le champ d'à côté, on entend Cheval crier :
– Poulain, ton cavalier est arrivé ! Dépêche-toi de rentrer !
Et Poulain rejoint son enclos... au galop !

4
Vianney
AOÛT

Les cheveux de la mer

Il était une fois une petite fille abandonnée qui vivait seule. Elle s'appelait Maria. Elle avait des cheveux bouclés dont la couleur changeait avec les reflets de la lumière. Un jour qu'elle se promenait, Maria arriva au bord de la mer. Dès qu'elle la vit, Maria ne put résister et courut s'y baigner. Quel délice de se glisser au milieu des vagues ! Maria nageait sans même avoir appris. Jamais elle n'avait été aussi heureuse. Mais sitôt qu'ils furent mouillés, ses cheveux se mirent à pousser, pousser… La petite fille se mit à crier ! Sa chevelure en grandissant pesait si lourd qu'elle entraînait Maria au fond des flots. Elle coula. Mais bien vite, la peur la quitta et elle se mit à sourire : elle était devenue une sirène. Et aujourd'hui encore sa belle chevelure mousse à perte de vue, court sur les vagues, pour les coiffer d'écume et dire à tous ceux qui regardent la mer que Maria n'est plus une petite fille abandonnée, mais une sirène, fille de l'océan.

5
Abel
AOÛT

Titounail l'épouvantail

Titounail l'épouvantail bâille aux corneilles.
Toute la journée, les fleurs lui ont cassé les oreilles !
– Nous sommes très très belles ! s'exclamaient-elles.
– Tellement nombreuses que nous peuplons la terre !
– Nous sommes les reines de l'univers !
Et patati et patata…
Quel brouhaha !
Et patata et patati…
Arrive la nuit,
parée de son grand voile
piqué d'étoiles
qui ne font pas un bruit…
Et devant toutes ces fleurs du ciel,
qui étincellent,
les fleurs de la terre se sentent si petites… qu'elles se taisent…
Tout s'apaise…
Une, deux, quatre étoiles filent dans la nuit…
Les fleurs font le vœu d'avoir une longue et belle vie !

6
Transfiguration
AOÛT

Le ciel de nuit étoilé

Nina fait du camping. C'est l'été.
Maintenant la nuit est tombée, le ciel est tout étoilé.
Nina refuse d'aller se coucher. Elle pense à la mer où elle a nagé.
D'ailleurs, elle entend les vagues, au loin, qui se jettent sur les rochers.
Elle demande :
– Maman, la mer, elle ne dort jamais ?
– Non, elle berce les poissons, répond sa maman Dorothée. Et toi, veux-tu te laisser bercer ?
– Oui, répond Nina, je veux bien.
Car en fait, c'est vrai, elle est un peu fatiguée...

7
Gaétan
AOÛT

Les bêtises de Mariboulette et Tourlourou

Dans les bandes dessinées de Tourlourou, quand un bonhomme prend un coup sur la tête, il y a plein d'étoiles partout autour.
Il se demande si, dans la vraie vie, c'est pareil. Alors il va ramasser une branche dans le jardin et s'approche de Mariboulette à pas de loup pour lui donner un coup sur la tête et regarder si ça fait des étoiles.
Maman lui ôte la branche des mains juste à temps. Elle le gronde très très fort, et dans sa peur, il fait un bond. Il se prend les pieds dans le tapis, boum, il tombe par terre. Et il voit des étoiles. En vrai.

8
Dominique
AOÛT

MARIAGE GOURMAND

Au mariage de l'éclair au chocolat
Il y a l'éclair au café, sa fiancée
Un gros gâteau au moka, son papa
Une génoise à l'ananas, sa tata
Une brioche aux pralines, sa cousine
Un cake aux raisins, son cousin
Un biscuit au citron, son tonton
Un gâteau d'anniversaire, son grand frère
Quelques tartes Tatin, ses copains
La grosse pièce montée, sa mémé
Et puis tous les invités
Qui vont… miam miam
Les dé-vo-rer !

9
Amour
AOÛT

Dis papy, pourquoi ?

Sur la plage, Wendy ne s'ennuie jamais. Il y a tant de choses à observer ! Comme ce drôle de crustacé qui se cache dans un coquillage.

– Dis papy, pourquoi il joue à cache-cache ?

Papy regarde le petit animal recroquevillé :

– C'est un bernard-l'ermite, Wendy. Et il est très timide. Avant, il faisait des trous dans le sable, et il y restait caché toute la journée. Mais ça commençait à l'énerver ! Lui aussi voulait aller se promener et discuter avec les autres. En voyant un coquillage vide, il a décidé de se glisser dedans. Il avait enfin trouvé une bonne idée pour sortir abrité !

10
Laurent
AOÛT

Le plus beau vœu de Margaux

C'est l'été. Margaux est sur la plage, avec papa et maman. Il a fait chaud pendant toute la journée. Puis la nuit est tombée, un peu plus fraîche. Il est vraiment agréable de se promener en écoutant la mer !
Soudain, une étoile traverse le ciel. Margaux est ravie. Elle sait que si elle fait un vœu, il se réalisera bientôt.
– Je voudrais une poupée avec les cheveux longs, murmure-t-elle doucement.
Une nouvelle étoile filante apparaît et Margaux applaudit. Un peu plus fort, elle dit :
– Je voudrais une console vidéo.
C'est encore mieux qu'à Noël, il n'y a qu'à demander pour être servi !
Car d'autres étoiles se croisent dans le ciel. Cette fois, il y en a trois d'un seul coup !
Tout va si vite que Margaux a du mal à trouver des idées. Elle crie :
– Je voudrais un déguisement de princesse, un poney, une souris en caoutchouc pour mon petit chat...
Margaux ignore que le 10 août, c'est la nuit des étoiles. Jusqu'à l'aube, elles s'épanouiront dans le ciel. En voilà une autre, une autre, une autre... Un vrai feu d'artifice !
– Je voudrais une baguette magique... un ordinateur... des livres... des chaussures roses et bleues ! s'exclame Margaux.
Mais sa voix devient plus hésitante. A-t-elle vraiment besoin de tous ces cadeaux ?
Elle baisse la tête, se tourne vers ses parents et déclare :
– Je voudrais que tous les enfants du monde soient aussi heureux que moi. C'est mon vœu le plus cher.
Maman sourit. Elle est très belle ainsi, éclairée par la lueur argentée des étoiles.

11
Claire
AOÛT

La petite étoile qui pleurait

Il était une fois une étoile si petite que personne ne la regardait jamais sur Terre.
Elle était triste de ne briller pour personne, elle se sentait inutile.
Elle avait tant de chagrin qu'elle brillait de moins en moins.
Une nuit, elle tomba du ciel juste sur la main d'un enfant
qui pleurait parce qu'il était tout seul, sans amis.
À travers ses larmes, le petit garçon trouva l'étoile resplendissante.
À travers les larmes du petit garçon, l'étoile vit enfin des yeux pleins d'amour qui la regardaient.
– Que tu es belle, petite étoile ! Comme ta lumière me fait du bien !
– Que tu es tendre, petit garçon ! Comme ton sourire me fait du bien !
L'enfant cessa de pleurer et l'étoile rejoignit le ciel.
Mais depuis cette nuit-là, elle brille fort, car elle sait qu'un enfant la regarde et pense à elle,
cet enfant-là qui, une nuit de tristesse, a trouvé comme amie, une étoile.

12
Clarisse
AOÛT

Camille et Timinou

Timinou, le p'tit matou, aime s'endormir n'importe où. Aujourd'hui, maman a laissé la porte du lave-linge ouvert. Le minou s'est installé dans le grand tambour de fer. On y est très bien, il n'y a qu'à se laisser balancer pour faire de beaux rêves.
Mais ces rêves sont brutalement interrompus.
Timinou reçoit une chemise sur la tête, puis un pantalon et une paire de chaussettes. Maman va faire une lessive ! Timinou ne veut pas être traité comme du linge sale. Le voilà qui se débat en miaulant et griffant. Heureusement, maman s'aperçoit qu'il est là. Elle le prend par la peau du cou et le retire de la machine en disant :
– Bien fait pour toi, gros bêta !

13
Hippolyte
AOÛT

Les délices de Réglisse

Réglisse a invité tous ses amis à manger.
Au menu : œufs mimosa et salade de tomates.
Les invités en salivent déjà.
Réglisse cuisine sous l'œil attentif de Titigre.
Pour le faire rire, il lance les tomates et se met à jongler.
– Ouah ! admire Titigre. Je peux essayer moi aussi ?
Titigre attrape les œufs et hop ! il les lance en l'air…
– Attention ! crie Réglisse.
Trop tard, les œufs tombent par terre.
Pas très fier, Réglisse annonce à ses invités :
– Finalement, ce soir, ce sera omelette pour tout le monde !

14
Evrard
AOÛT

Je serai… factrice !

– Moi, plus tard, dit Alice, je serai factrice.
Parce que les facteurs apportent du bonheur. Des mots doux, des pensées gaies, des lettres d'amour. Parfois même des cadeaux bien empaquetés dans du joli papier doré. Des enveloppes qui sentent bon, des timbres de toutes les couleurs, de tous les pays. Rien qu'en les regardant, je voyagerai. J'aurai un beau vélo jaune, un chapeau bleu et je sourirai à tout le monde. Les gens m'attendront devant la porte et ils m'inviteront à boire le thé. Plus tard, je serai factrice parce que c'est le plus beau métier.

15
Marie
AOÛT

L'ourson Caramel

C'est la nuit. Caramel et ses amis ont décidé de veiller jusqu'à pas d'heure.
Installés au bord de la rivière, ils observent le ciel.
Soudain, Myrtille et Canine voient passer une étoile filante ! Elles ferment les yeux et font un vœu.
– Ne dites pas ce que c'est, dit Plumeau, il faut garder le vœu secret pour qu'il se réalise.
Caramel est jaloux. Lui aussi voudrait faire un vœu.
Mais c'est Plumeau qui aperçoit une autre étoile filante.
Caramel est déçu.
– Alors les étoiles ? Et moi ? s'écrie-t-il en colère.
Heureusement, une autre étoile traverse le ciel !
– Mon vœu… pense très fort Caramel, c'est que tous mes vœux se réalisent !

16
Armel
AOÛT

Léo a soif !

Il fait chaud. Léo a soif ! Mais il est trop fatigué pour se lever.
Il a juste la force d'ouvrir les yeux. Voilà un papillon qui passe.
– J'ai soif, lui dit Léo ! Tu ne veux pas m'apporter à boire ?
– Pas de problème, je m'en occupe, répond le papillon.
Maintenant, voilà une abeille.
– J'ai soif, répète Léo.
– Tout de suite ! lui promet-elle.
– J'ai soif, dit-il aussi à une coccinelle. Ce serait gentil de m'apporter à boire.
– Ça vient, promet-elle.
– Dans une minute ! précise une fourmi.
Léo n'y croit pas.
– Comment de si petites bêtes pourraient-elles me servir à boire ?
Mais, badaboum ! l'orage éclate et de grosses gouttes de pluie tombent dans la bouche de Léo !
– Monsieur est servi, disent en riant le papillon, l'abeille, la coccinelle et la fourmi !

17
Hyacinthe
AOÛT

Le château des crevettes

Qu'il est beau et solide le château de coquillages de la petite Élia !
Elle l'a construit pendant que la mer s'était retirée durant la marée.
Mais la mer monte et recouvre le château.
Au fond de l'eau, les crevettes sont contentes d'avoir un si beau palais.
Elles se proclament reines ! Elles mettent des couronnes sur leurs têtes.
– Si les crabes veulent habiter ce château avec nous, ils n'ont qu'à être nos soldats et nos serviteurs !
– Bon, d'accord, disent les crabes en ronchonnant.
Quand la mer se retire à nouveau, Élia court vers son château.
Mais les crabes bondissent, pinces en avant.
– Cric-crac-croc ! Défense d'approcher, propriété privée !
Élia aperçoit les crevettes-reines qui barbotent dans leur piscine.
– Bon, bon, j'ai compris, dit Élia. Ce château n'est plus à moi.
C'est le château des crevettes. Mais c'est moi qui l'ai construit !

18
Hélène
AOÛT

Les délices de Réglisse

Réglisse est tout excité : il va tester sa nouvelle recette de gâteau au chocolat.
Le petit cuisinier réfléchit : « Alors, j'ai besoin de chocolat noir et de noix de pécan ! »
Réglisse mélange en chantant :
– *Miam, miam ! Le bon gâteau ! Miam, miam ! Ce sera le plus beau !*
« Il ne reste plus qu'à l'enfourner, se dit-il. Zut ! Où est mon sablier ? »
Réglisse le cherche partout. En bas, en haut, dehors, dedans… « Ah ! Le voilà ! »
Quand il revient dans sa cuisine, quelle surprise ! Adam l'éléphant est là.
– Délicieuse ta mousse au chocolat ! dit Adam en se léchant les pattes. J'ai fini tout le plat !

19
Jean Eudes
AOÛT

La famille Zinzin

Assise dehors, Diane regarde le ciel étoilé.
Elle refuse de se coucher avant d'avoir vu une étoile filante.
– Si tu en vois une, fais un vœu, lui a dit maman. Avec un peu de chance, il se réalisera.
Et soudain... Là ! Une étoile filante !
Vite, il faut faire un vœu.
« Je veux être une princesse ! » pense Diane le plus fort possible.
Mais déjà maman l'appelle de la maison.
– Diane ! Viens nous faire un bisou et va te mettre au lit.
Diane rentre en courant. Elle saute dans les bras de papa
et le couvre de bisous.
– Bonne nuit, papa !
– Bonne nuit, ma princesse !
Qui aurait cru qu'un vœu se réalise aussi vite ?

20
Samuel
AOÛT

Voyage autour du soleil

Cette année, Lou ne part pas en vacances. À la place,
elle regarde les avions passer dans le ciel.
Les gens qui sont dedans voyagent autour de la Terre.
Soudain Lou se souvient des explications de son père. Il lui a dit
qu'en un an la Terre fait le tour du soleil. Alors elle se couche par terre.
– Que fais-tu, Lou ? demande Thomas, son grand frère.
– Je voyage, répond Lou, je tourne autour du soleil !
– Oh ! Quelle chance ! répond Thomas. Je peux venir avec toi ?

21
Christophe
AOÛT

La gazette d'Eliot et Margaux

C'est vraiment super les vacances à la mer ! Le soleil brille. Les mouettes criaillent.
Un temps idéal pour plonger dans les vagues. Et en plus, il n'y a pas d'algues...
Mais alors, pourquoi Eliot et Margaux restent-ils au bord de l'eau à s'agiter ?
Non, ils ne sont pas devenus zinzin. Les enfants viennent au secours d'un jeune dauphin !
Le pauvre s'est pris les nageoires dans le filet d'un chalutier. Il n'arrive plus à nager.
C'est Margaux qui l'a entendu pleurer. Très vite, Eliot a donné l'alerte
et les maîtres nageurs sont venus pour les aider : plouf !
Ça y est ! L'animal est délivré ! Il repart aussitôt vers le large.
Eliot et Margaux lui font des signes de la main : au revoir gentil dauphin !

22
Fabrice
AOÛT

Titounail l'épouvantail

Dans le grand ciel bleu de l'été,
le soleil n'en finit plus de chauffer !
Un, deux, trois petits escargots
se cachent sous le manteau
de Titounail, l'épouvantail.
Les herbes prennent la couleur de la paille.
Quelle chaleur ! Quelle chaleur !
Les cigales chantent à qui mieux mieux.
Le lézard se tient immobile sur le sol rocailleux.
Les oiseaux sont à l'ombre du pommier.
Les mouches énervées piquent le jardinier.
Quelle chaleur ! Quelle chaleur !
Soudain, le ciel est en colère.
Braoum… gronde le tonnerre !
Plic plic plic, voilà la pluie
qui mouille et rafraîchit.
Quel bonheur ! Quel bonheur !

23
Rose de Lima
AOÛT

La Belle au bois dormant

Pour la naissance de leur fille Belle, le roi et la reine organisèrent une grande fête. Ils y invitèrent toutes les fées, sauf la fée Carabosse. Celle-ci, pour se venger, jeta un sort à la petite princesse : à quinze ans, elle se piquerait le doigt avec un fuseau et dormirait pendant cent ans. Le roi fit disparaître tous les fuseaux du royaume. Mais la fée Carabosse avait plus d'un tour dans son sac ! Déguisée en fileuse, elle rendit visite à Belle. La princesse toucha son fuseau, se piqua le doigt et s'endormit. Chose étrange : tous les occupants du château s'endormirent en même temps qu'elle. Cent ans passèrent. Le parc du château était devenu une véritable forêt vierge. Un jour, un prince qui chassait par là aperçut une tour entre les arbres. Il découvrit le château qui paraissait abandonné. Quel ne fut pas son étonnement de voir des gens dormir dans toutes les pièces ! Sur un lit de fleurs était étendue une princesse qui souriait dans son sommeil. Le prince la trouva si belle qu'il l'embrassa. Aussitôt, elle s'éveilla. Le roi, la reine, les ministres, les gardes et les laquais s'éveillèrent également, et une grande agitation régna alors dans le château. On lava le sol, on retira les toiles d'araignée, on coupa les arbres, on tondit les pelouses. Et comme le roi et la reine semblaient d'excellente humeur, le prince leur demanda la main de leur fille. Belle et le prince se marièrent, eurent beaucoup d'enfants et furent heureux pendant cent ans !

24
Barthélémy
AOÛT

Cerise et Chocolat

Oh là là ! Cerise est très chargée. Elle déménage ses jouets, au fond du jardin, dans sa petite maison. Sur la table, Cerise installe un beau couvert avec une nappe en feuilles vertes et sa petite dînette. Elle prépare un beau gâteau aux coquelicots, une glace au sable et du thé aux pâquerettes ! Elle installe Chocolat bien au soleil, sur une petite chaise en bois. Puis elle appelle :
– Maman ! Le goûter est prêt.
Cet après-midi, Cerise est fière d'avoir deux invités dans sa petite maison.

25
Louis
AOÛT

Dis papy, pourquoi ?

Lorsqu'elle joue sur la plage, Wendy aime beaucoup éclabousser papy !
Mais papy ne se laisse pas faire, il saute dans l'eau et Wendy est toute mouillée.
– Papy, pourquoi l'eau de la mer est salée ?
Papy y goûte aussi :
– Il y a longtemps vivait un apprenti magicien très étourdi. Alors qu'il mangeait sa soupe, assis sur la plage, il voulut faire un tour de magie : « Abracadabra, je veux du sel dans mon potage ! » Oui mais voilà, l'apprenti magicien avait oublié de dire combien. Et juste après, des montagnes de sel apparurent devant lui. Affolé, il les fit voler jusqu'à la mer et personne ne sut jamais quelle grosse bêtise il avait faite.

26
Natacha
AOÛT

L'ourson Caramel

Aujourd'hui, Caramel et ses amis ont rendez-vous au bord de la rivière.
– On monte sur ce rocher et on plonge ! s'écrie Caramel.
À la une, à la deux, Canine, Plumeau, Caramel et Myrtille plongent tous ensemble !
– Le premier qui touche le fond de l'eau a gagné ! aboie Canine.
Les museaux disparaissent et réapparaissent en même temps.
– On fait la course ? propose Myrtille. Le premier qui arrive sur l'autre rive a gagné !
Les amis s'élancent. Caramel fait de grands moulinets en battant des pattes.
Il dépasse Plumeau et les autres, et atteint, le premier, la rive opposée.
– Bravo Caramel ! le félicite Myrtille, tu es un champion !

27
Monique
AOÛT

Le parapluie de Zélie

Une goutte d'eau s'écrase sur le museau de Zélie, la souris.
Elle ouvre son parapluie. Maintenant, il pleut des cordes.
« On n'a jamais vu un temps pareil ! » se dit Zélie.
Par terre, des flaques d'eau apparaissent. Et les flaques deviennent une rivière.
Soudain, la pluie s'arrête. Le ciel a fini de pleuvoir.
Alors Zélie retourne son parapluie. Elle s'y installe comme sur un bateau.
Et Zélie glisse sur la rivière de pluie. Et la rivière l'emmène jusqu'à la mer.
Alors, plouf ! Zélie nage autour de son parapluie comme autour d'une île.
Quand le vent se lève, vite, Zélie s'accroche au parapluie
et le vent les ramène devant la porte de la maison.
Alors, Zélie sourit : – Merci, mon parapluie,
tu es bien plus pratique qu'une voiture, un bateau ou un avion.
Et Zélie s'installe bien au chaud dans sa maison.

28
Augustin
AOÛT

LES PETITES BÊTES

Le chat et la souris dansent
Le croco et l'okapi balancent
L'oiseau et le poisson s'enlacent
Le loup et l'agneau s'embrassent
Et le crabe en pince
Pour une limace
Qui bave et traînasse
Et qui n'a ni d'os
Ni de carapace !

29
Sabine
AOÛT

Les bêtises de Mariboulette et Tourlourou

Tourlourou en a marre de la plage. Ce qu'il voudrait, c'est que ce soit l'hiver. Et faire du ski. Il chausse les faux skis nautiques en plastique de Mariboulette, deux branches d'arbres en guise de bâtons, et il s'élance sur le sable. Yaouh ! Il se jette du haut d'une dune, pour faire un looping, comme à la télé. Oui, mais il ne sait pas les faire, les loopings ! Il tombe comme une pierre. Plaof ! Le sable amortit la chute, mais il se fait très mal à la cheville. Qui gonfle, gonfle… On fait venir le docteur. Et Tourlourou termine les vacances avec un pied dans le plâtre. Comme en hiver ! Comme au ski !

30
Fiacre
AOÛT

La famille Zinzin

Les vacances sont bientôt terminées. Comme chaque année, maman fait les courses de la rentrée. C'est elle qui choisit toutes les fournitures, excepté une par personne.

– Chacun peut choisir une chose, précise-t-elle.

Agathe veut un agenda avec des chevaux. Célestine, un stylo rigolo. Étienne, un taille-crayon en forme d'avion. Diane, une règle rose. Et Barnabé ? Il choisit une trousse.

De retour à la maison, Barnabé dit fièrement :

– Je n'ai choisi qu'une seule chose, mais c'est une trousse spéciale ! Regardez...

Alors, Barnabé ouvre sa trousse dans laquelle sont disposés crayons, stylos, gomme, feutres, règle... Tout ça, tout beau, tout neuf !

31
Aristide
AOÛT

Camille et Timinou

Une nuit, Camille est réveillée par de drôles de bruits. Quelqu'un marche dans sa chambre ! La petite fille allume sa lampe et découvre... un fantôme. Un vrai fantôme blanc, pas plus haut qu'un cartable ! Il court par terre, bondit sur l'armoire, revient sur le tapis !

Envahie par la peur, Camille n'ose pas remuer une paupière.

Le petit fantôme fait une cabriole. En retombant, il s'accroche à une poignée de porte. Une chemise blanche glisse, dévoilant une silhouette affolée.

– Timinou ! s'écrie Camille.

C'est lui, bien sûr ! Endormi dans le placard, il s'est empêtré dans la chemise de sa maîtresse. Mais il a eu très peur en se réveillant, presque autant que Camille !

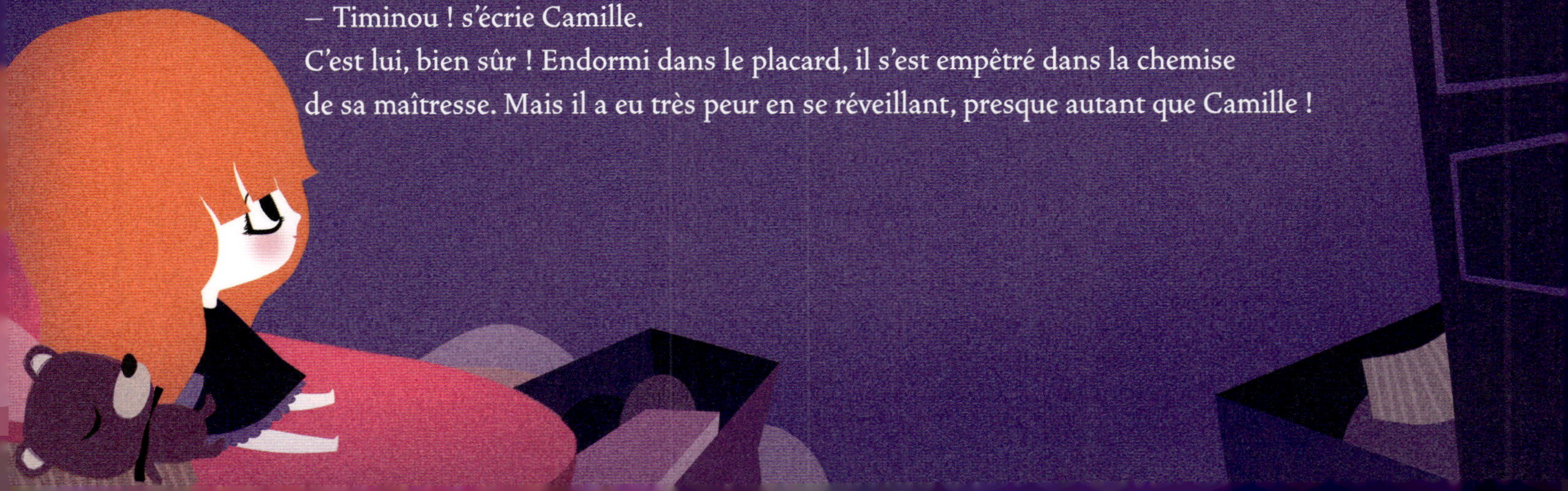

1
Gilles
SEPTEMBRE

L'ourson Caramel

En se promenant dans la forêt, Caramel tombe nez à nez avec un drôle de petit bonhomme bleu. Intrigué, il le bouscule du bout du museau ; la créature bondit.
– Grouiiiik ! Laisse-moi tranquille ! Grouiiiik ! Laisse-moi dormir !
– Qui es-tu ? Tu n'es pas d'ici !
– Je... grouiiiik... viens d'une planète lointaine. Je suis sur Terre pour... grouiiiik... hiberner... en paix !
– Hiberner ? s'étonne Caramel. Mais c'est en hiver que l'on dort !
– Chez moi... grouiiiik... on dort l'été ! Et l'hiver, on fait la fête !
Caramel fait une drôle de tête. Il salue l'étrange petit bonhomme bleu et retourne à ses occupations...

2
Ingrid
SEPTEMBRE

Les bêtises de Mariboulette et Tourlourou

Mariboulette regarde Tom, le gros chien placide des voisins, à travers la barrière. Et Tom la regarde. Alors, elle saute par-dessus la clôture et rejoint le chien, son copain. Et elle court à quatre pattes, comme lui, et elle aboie après les passants, et, le soir venu, elle décide d'aller dormir dans la niche de Tom. Tom a l'air tout content. Papa, maman et Tourlourou la cherchent partout. Tout le monde s'affole.
C'est monsieur Bonneton, le voisin, justement, qui l'a ramenée à la maison. Et elle a fait toute une comédie parce qu'elle avait oublié son os dans la niche !

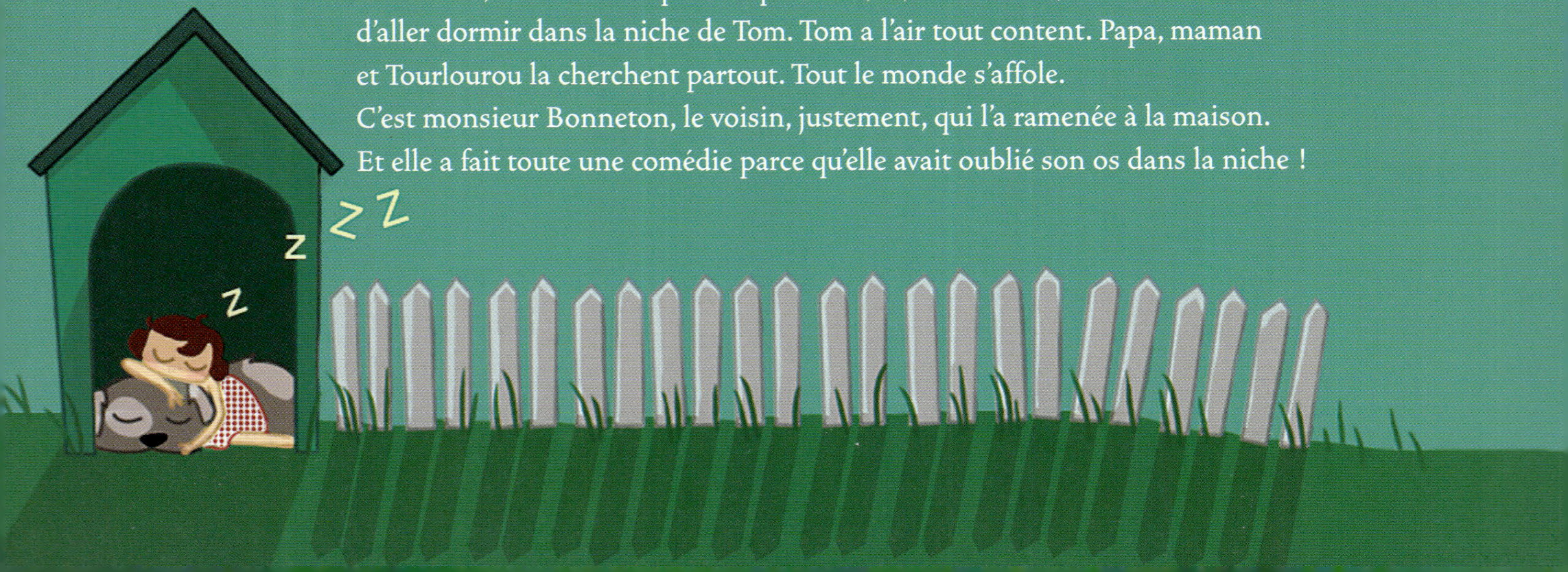

3
Grégoire
SEPTEMBRE

Cerise et Chocolat

C'est la rentrée ! Cerise va à l'école pour la première fois.
Maman dit : – En route !
Mais soudain, Cerise a l'air toute tristounette :
– Chocolat veut rester à la maison... Alors je reste aussi !
Maman dit à Chocolat :
– Allez gros doudou ! Aujourd'hui, tu vas te faire plein d'amis !
Cerise rit et dit aussi :
– À l'école, on va faire la fête !
Cette fois-ci, c'est parti ! Sur le chemin de l'école, Chocolat n'a presque plus peur. Et quand arrive le moment de se dire au revoir, maman serre Cerise et Chocolat contre son cœur.
– Je vous fais plein de bisous, que vous garderez toute la journée dans votre cou !

4
Rosalie
SEPTEMBRE

La famille Zinzin

Ce matin, c'est la panique chez les Zinzin ! Maman ne s'est pas réveillée.
– Dépêchez-vous ! dit-elle en entrant dans les chambres. Nous partons dans dix minutes !
En un instant, Barnabé saute dans son pantalon. Agathe aide Étienne à enfiler son polo, tandis que Célestine coiffe Diane.
Dix minutes plus tard, les enfants s'engouffrent dans la voiture, une tartine à la main. Maman attache Félix dans son fauteuil et c'est parti.
– Bravo ! lance-t-elle. Tout le monde est prêt !
Tout le monde est prêt… ou presque. Car quand maman descend de la voiture près de l'école, elle est encore en chemise de nuit !

5
Raïssa
SEPTEMBRE

Le cartable de Mireille

Aujourd'hui, c'est la rentrée pour Mireille.
– Ton cartable m'a l'air très gros. Qu'as-tu mis dedans ? lui demande sa sœur Annabelle, qui vient de rentrer au collège.
Avec un air de la plus haute importance, Mireille ouvre son cartable.
– Voilà, j'ai mis un cahier pour le français et un cahier pour les maths. Comme toi, je suis grande maintenant ! C'est vrai, je ne suis plus chez les petits, je suis chez les moyens ! Et en dessous, j'ai pris mon doudou Marso et mon éléphant Zozo, parce que je suis un petit peu inquiète quand même…

6
Bertrand
SEPTEMBRE

La gazette d'Eliot et Margaux

Ça alors ! Juste devant la maison d'Eliot et Margaux… Non, non, ce n'est pas une voiture. C'est un… éléphant !
Il fait de gros bruits de klaxon avec sa trompe : PÔôÔN !
Mais pas l'ombre d'un chauffeur à l'horizon.
Heureusement, Eliot sait comment conduire le géant : il lui montre les tartines de son goûter, évidemment !
Margaux reconnaît « Zébulon, l'éléphant qui marche à reculons ».
La grande vedette du cirque Zaninni s'est sauvée pendant la nuit.
Le fakir, les clowns et les trapézistes, tout le monde est soulagé de le voir rentrer en bonne santé.
– En cadeau, voici deux places pour le spectacle !
Eliot et Margaux applaudissent déjà la star des éléphants. Et PÔôÔN ! un coup de klaxon pour leur dire merci, tout simplement.

7
Reine
SEPTEMBRE

Titounail l'épouvantail

– C'est le grand jour ! Chic ! Chic !
chantent les colchiques.
– C'est le grand jour ? Déjà ?
disent les fougères en déroulant leurs longs bras.
Et pourtant, voilà une hirondelle,
arrivant à tire-d'aile,
puis dix, puis vingt, puis cent !
Sur Titounail l'épouvantail, elles se posent en piaillant.
Ça criaille, ça se chamaille !
– Poussez pas ! Laissez passer ! J'étais là avant !
Quelle pagaille !
– À vos marques, prêtes ?… Partez ! crie Titounail.
En quelques battements d'ailes,
toutes ces jolies hirondelles
ne sont que des petits points dans le ciel.
Titounail continue d'agiter son chapeau de paille
en murmurant :
– Bon vent !
Je vous verrai au prochain printemps !

Le chat botté

À la mort du meunier, son fils aîné hérita du moulin, et son fils cadet de l'âne. Le plus jeune ne reçut que le chat. Mais c'était un chat qui parlait !
– Je vais vous rendre riche ! promit-il à son maître. Fabriquez-moi des bottes et un chapeau à plumes, puis faites ce que je vous dirai !
Après avoir chaussé ses bottes et mis son chapeau sur la tête, le chat lui ordonna :
– Déshabillez-vous et baignez-vous tout nu dans la rivière.
Tous les matins, la fille du roi se promenait sur le rivage.
– Au secours ! cria le chat, sitôt qu'il aperçut le roi. Mon maître, le marquis de Carabas, se noie ! Des bandits l'ont dépouillé et jeté à l'eau !
Sur ordre de la princesse, on repêcha le jeune homme et on l'emmena se sécher au palais.
Pendant ce temps, le chat parcourait la campagne en demandant :
– À qui sont ces terres ?
– À l'ogre du château, lui répondaient les paysans.
– Elles ont changé de propriétaire, affirmait le chat. Maintenant, elles appartiennent au marquis de Carabas !
On le crut. Comment ne pas croire un chat qui parle ?
Parvenu au château de l'ogre, le chat frappa à la porte.
– Bonjour, monsieur l'ogre, dit-il poliment. Il paraît que vous pouvez vous changer en animal ?
– C'est exact, répondit l'ogre.
– Pourriez-vous vous changer en souris, s'il vous plaît ?
L'ogre se changea en souris et le chat la croqua. Puis il dit aux domestiques :
– Maintenant, ce château appartient au marquis de Carabas.
Le lendemain, le fils du meunier, qui était tombé amoureux de la princesse, demanda sa main au roi.
– Êtes-vous riche ? s'informa le roi.
– Il l'est, répondit le chat à sa place. Venez, je vais vous montrer.
Ils partirent en carrosse à travers la campagne. Et chaque fois que le roi interrogeait les paysans : – À qui est ce champ ? Ils lui répondaient : – Au marquis de Carabas.
Les domestiques du château en firent autant, et c'est ainsi que le fils du meunier, qui n'avait eu qu'un chat en héritage, épousa une princesse et devint prince lui-même !

9
Alain
SEPTEMBRE

Lapins malades

Maman Lapin a bien du souci. Son petit Lapin Gris a mal au ventre.
Il est malade, il a mangé trop de salade.
Lapin Noir a mal à la patte, il voudrait un pansement.
Lapin Blanc a mal aux dents, maman Lapin lui prépare un médicament.
Et Lapin Doux tousse, il lui faut de la tisane et du miel.
Maman Lapin est très occupée ! Mais voilà Lapinet, le petit dernier,
qui vient frotter son museau contre elle : – Je suis malade, maman Lapin !
– Ah, bon ? s'étonne maman Lapin.
Elle prend son Lapinet dans les bras :
– Pourtant, ton ventre va bien, tu n'as pas mal à la patte, tu ne tousses pas
et tu n'as pas mal aux dents…
Alors Lapinet se met à pleurer : – Mais si, mais si, moi aussi, je veux être malade !
Alors maman Lapin dit : – Tu as raison, mon Lapinet. Je crois que
tu es un peu malade. Alors pour toi, voilà une pommade de bisous,
un médicament de mots doux, et un pansement de câlins…
Lapinet sourit : – Ouf ! Ça fait du bien ! Je suis déjà un peu guéri !

10
Inès
SEPTEMBRE

Je serai… prof de gym !

– Qu'est-ce que vous voulez faire plus tard ? demande la maîtresse.
Hippopotame lève le doigt :
– Prof de gymnastique !
Toute la classe éclate de rire.
– Ah ah ah ! Tu es trop gros ! dit Girafe.
– Hi hi hi ! Tu ne cours pas assez vite ! dit Gazelle.
– Ouououou ! Tu es trop mou ! dit Lionceau.
– Eh bien, je vais m'entraîner et vous verrez !
Dès le lendemain, Hippo s'y met. D'abord, il ne boit que de l'eau.
Puis il se met à courir le long du ruisseau. Enfin, il saute du caillou le plus haut.
À la fin de la journée, il est si épuisé qu'il se met à pleurer.
– Sèche tes larmes, on va t'aider ! disent Girafe, Gazelle et Lionceau. Suis-nous !
Et Hippo passe la soirée à gambader. Il est tellement drôle à voir !
Le soir venu, il n'en peut plus.
– J'ai changé d'avis, les amis ! Plus tard, je serai… clown, pardi !
Et tout le monde applaudit.

11
Adelphe
SEPTEMBRE

Les délices de Réglisse

C'est la rentrée ! Réglisse est à la fenêtre et regarde les enfants passer.
– Oh ! Timéo a laissé tomber sa pomme… et Titigre ses biscuits !
Vite, Réglisse descend dans la rue pour les ramasser.
– J'ai une idée ! s'exclame le ouistiti.
Et hop ! Avec la pomme et les biscuits, Réglisse mitonne un délicieux crumble aux pommes !
Quand il a fini, il va bien vite l'apporter à l'école. Les enfants se sont régalés !
Et la maîtresse a dit :
– Bravo Réglisse ! Dix sur dix !

12
Apollinaire
SEPTEMBRE

Camille et Timinou

Il y a un monstre sous le lit de Camille ! Elle ne sait pas à quoi il ressemble mais elle l'entend respirer. Il grogne, ses griffes grattent le parquet.
Bien sûr, la petite fille pourrait appeler à l'aide. Papa et maman dorment dans la chambre à côté, ils viendraient aussitôt. Mais c'est chaque fois la même chose : le monstre disparaît dès qu'on allume la lumière.
Le voilà qui se remet à gronder. Camille a vraiment trop peur, alors elle appelle :
– Au secours !
Papa arrive aussitôt. Il regarde sous le lit… et se met à rire.
– Que vois-tu ? demande Camille.
– Un monstre avec des oreilles pointues et de grandes moustaches.
Il s'appelle Timinou, le p'tit matou !

13
Aimé
SEPTEMBRE

Peau d'Âne

Un roi et une reine s'aimaient tendrement. Hélas, un jour, la reine tomba malade.
– Ne te remarie qu'avec une femme plus belle que moi, dit-elle à son mari avant de mourir.
Or, la seule femme plus belle qu'elle, c'était leur fille. Le roi la demanda donc en mariage.
La princesse refusa avec horreur.
– Fais semblant d'accepter, lui conseilla sa marraine la fée.
En échange, demande une robe couleur de lune.
Une telle robe ne pouvait exister, mais le roi en trouva une.
Poussée par la fée, la princesse demanda alors une robe couleur de soleil, puis une robe couleur de temps. Elle les reçut également.
– Je ne vois qu'une solution, dit la fée, bien embarrassée, exige la peau de l'âne qui pond de l'or.
Le roi tenait beaucoup à cet âne. Pourtant, il le tua pour l'amour de la princesse.
– Mets cette peau sur ton dos et sauve-toi, ordonna alors la fée.
La princesse alla se terrer dans la forêt. Pour gagner sa vie, elle soignait les cochons d'une ferme voisine. On l'appelait « Peau d'Âne la sale ».
Le soir, dans sa cabane, elle enfilait parfois l'une de ses trois robes et redevenait belle.
Un jour, un prince la vit par la fenêtre dans sa robe couleur de lune, et en tomba amoureux.
Lorsqu'il dit à ses parents qu'il voulait l'épouser, ils se moquèrent de lui.
Comme le prince se laissait mourir de chagrin, ses parents envoyèrent chercher Peau d'Âne, qui vint dans sa robe couleur de soleil.
Elle épousa le prince et, comme on ne peut pas avoir deux maris, son père la laissa tranquille.

14
Croix Glorieuse
SEPTEMBRE

Les bêtises de Mariboulette et Tourlourou

Tourlourou a organisé un carambolage formidable de tous ses jouets, petites voitures, camions… Il a installé une rampe géante dans l'allée du jardin, d'où il va lancer les camions sur les voitures. Au moment où le premier gros camion entre en collision avec les voitures et les carambole comme au cinéma, la vraie voiture de papa s'engage dans l'allée. Surpris par tous ces camions qui foncent sur lui, il fait un écart et boum ! sa voiture heurte le portail. L'aile est tout écrabouillée. Papa crie fort. Tourlourou dit « oups ! ». Pour un beau carambolage, c'est un beau carambolage !

15
Roland
SEPTEMBRE

Dis papy, pourquoi ?

Quand arrive l'automne, papy et Wendy vont en forêt. Derrière un buisson, Wendy aperçoit un hérisson très mignon.
– Dis papy, pourquoi les hérissons ont des piquants ?
Papy lui répond gentiment :
– Tu sais, les hérissons adorent dormir sur des tapis de feuilles. Ils trouvent ça très doux. Mais avec leurs petites pattes, ramasser des feuilles, c'est un peu compliqué ! Heureusement, ils ont eu une idée très chouette. Hop, ils font une petite galipette ! Grâce à leurs piquants, ils attrapent plein de feuilles d'un coup, et ils sont contents comme tout.

16
Édith
SEPTEMBRE

Titounail l'épouvantail

Un matin, le soleil, ce grand coquin,
s'étire tant et si bien,
que l'un de ses rayons vient chatouiller
Titounail l'épouvantail au bout du nez.
Titounail sursaute et, de ses doigts gantés,
crac ! attrape un petit bout de rayon,
zoup ! le glisse dans la poche de son pantalon.
– Rends-le moi ! rouspète le soleil.
Mais Titounail fait la sourde oreille.
Le soleil part alors bouder
haut, bien haut dans le ciel.
Le vent commence à souffler.
Il est trop tard pour supplier le soleil.
Titounail sort de son pantalon
le rayon tout chaud, tout blond.
Il le lâche au vent,
qui éparpille les gouttes de soleil en un instant.
Les feuilles des arbres deviennent alors toutes dorées.
Couleur d'automne, parfum d'été !...

17
Renaud
SEPTEMBRE

Le tableau blanc de Louis

Chaque mercredi, chez papy et mamie, c'est travail manuel le matin, et après on peut sortir. Aujourd'hui, mamie a décidé que chacun ferait le tableau d'une saison.

– Moi je vais faire l'été, dit-elle, avec des pétales de roses. Et toi, que vas-tu faire papy ?

– Moi, répond papy, je vais faire l'automne avec des feuilles mortes.

Et toi que vas-tu faire Louis ?

Louis court dans la salle de bains et ramène un paquet de coton.

– Moi, je vais faire l'hiver, dit-il, et je vais le faire très vite, parce que j'ai hâte de sortir !

18
Nadège
SEPTEMBRE

Les champignons dans le panier

En septembre, Fanny va aux champignons avec son très vieux pépé.
C'est l'automne dans la forêt. Ça sent la terre toute mouillée.
Certains champignons sont délicieux à manger, comme la chanterelle et le bolet.
– Merci bons champignons ! dit Fanny en les mettant dans son panier.
Mais d'autres sont empoisonnés.
– Ne touche surtout pas celui-là, dit pépé. C'est une amanite vireuse.
Si on l'avalait, elle pourrait nous tuer !
– Euh… adieu amanite vireuse, dit Fanny sans la mettre dans son panier.
Passe une très très bonne journée…

19
Émilie
SEPTEMBRE

Cerise et Chocolat

Il fait tout gris : il pleut des feuilles mortes et de la pluie ! Cerise enfile ses bottes et son ciré. Dans le jardin de mam' et de grand-pa, elle saute dans les flaques d'eau. Puis elle appelle :
– Hou hou ! Les escargots, où êtes-vous cachés ?
Et juste à ce moment-là, sur un gros caillou, Cerise aperçoit un escargot qui sort la tête de sa coquille. Cerise le met dans la brouette et installe Chocolat à côté de lui. Puis elle annonce :
– Les amis, nous partons en voyage ! Chantons pour chasser les nuages !

C'EST L'AUTOMNE !

20
Automne
SEPTEMBRE

Ricky et la tempête d'automne

L'automne couvre d'or les arbres de la forêt. Ricky l'écureuil est très occupé.
Il finit de rassembler ses provisions pour l'hiver. Graines, noisettes, glands...
il y a de tout dans son chêne. Mais que se passe-t-il ? Le ciel se couvre de nuages noirs.
Le vent se lève. Les branches s'agitent. Une terrible tempête s'est levée.
Elle abat les arbres comme des quilles. Effrayé, Ricky quitte son abri et court, court, court.
Il se réfugie en tremblant dans une petite grotte. Et sa maison ? Que va-t-elle devenir ?
La tempête dure toute la nuit. Au petit matin, Ricky met prudemment le nez dehors.
C'est terrible : tout est détruit autour de lui ! L'écureuil est de plus en plus inquiet.
Vite, il retourne chez lui.
Ricky n'a plus de maison. Son chêne est tombé, ses provisions sont dispersées !
La tête entre les mains, il pleure à gros sanglots. Tout est à refaire maintenant.
Et la forêt est triste. Où sont les feuilles dorées ?
Ricky pleure si fort que le vent et la pluie l'entendent. Ils ont honte d'avoir provoqué une tempête.

– Nous devons faire quelque chose, dit le vent.

– Tu as raison, répond la pluie.

Un souffle tiède caresse le museau de Ricky. Une goutte légère murmure à son oreille.

– Nous allons t'aider.

Un petit tourbillon redresse le chêne et le replante dans le sol. Il fait de même avec les autres arbres de la forêt. Puis un nuage crève dans le ciel. Il déverse des noisettes et des graines savoureuses aux pieds des animaux. Le vent et la pluie recollent ensuite les feuilles dorées sur leurs branches.
En quelques minutes, l'automne est revenu ! Ricky croque une noix en poussant un soupir de soulagement : il est heureux.

21
Matthieu
SEPTEMBRE

LE LOUP AUX RADIS

Pour les beaux yeux d'une biche
Un loup se mit à manger
Plus que carottes et radis…
Que fit l'estomac dans tout ça ?
Il se creusa…
Il se creusa de plus belle.
Que fit le loup d'après toi ?
Affamé, il se jeta sur la belle,
Et d'un coup la croqua !

22
Maurice
SEPTEMBRE

Camille et Timinou

Boum boum boum.
On frappe au volet, quelqu'un voudrait entrer.
Il est tard, tout est noir. Pas un bruit dans le couloir…
Boum boum boum.
Qui est là ? Une sorcière, un gros rat ?
Camille glisse sous les draps. Où est maman, où est papa ?
Boum boum boum.
Le bruit revient encore, de plus en plus fort !
Camille serre contre elle son Timinou, il est tiède, très doux !
Boum boum boum.
Camille a peur, elle sent battre son cœur.
Sur ses lèvres naît un cri, un petit cri de souris.
Boum boum boum.
Voilà papa, voilà maman, qui l'embrassent en souriant.
Papa ouvre les volets. C'est une branche qui tapait !

23
Faustine
SEPTEMBRE

Des petites histoires pour Nina

C'est toujours en automne que reviennent les corbeaux dans le village de Nina. Nina les voit s'installer dans l'arbre.

– Tu vois, dit sa maman, chaque année, ils reviennent du bout du monde pour me raconter des histoires, et moi, je te les raconte le soir. Ce sont des histoires du bout du monde pour Nina…

– Ah bon ? Et en été, quand ils sont partis, comment fais-tu ? demande Nina.

– Oh, en été, répond maman, je demande l'aide des papillons. Eux, ils me racontent des histoires d'ici pour toi.

24
Thècle
SEPTEMBRE

Je serai… boulanger !

– Moi, plus tard, je serai boulanger ! dit Barnabé.

– Et pourquoi ? demande François.

– Pour fabriquer du pain croustillant, des croissants chauds, des tartes aux fraises, des gâteaux à la pâte d'amandes, des éclairs au chocolat. Et puis dans ma boulangerie, j'aurai des tas de bonbons au réglisse, aux fruits, des chewing-gums à la pêche… Et toute la journée, je me régalerai…

– Et moi, tu sais ce que je ferai comme métier ? demande François.

– Non, dis-moi !

– Je serai docteur !

– Et pourquoi ?

– Pour te soigner, pardi ! Avec tout ce que tu auras englouti, tu auras besoin d'un bon docteur pour soulager… ton bidon bien rempli !

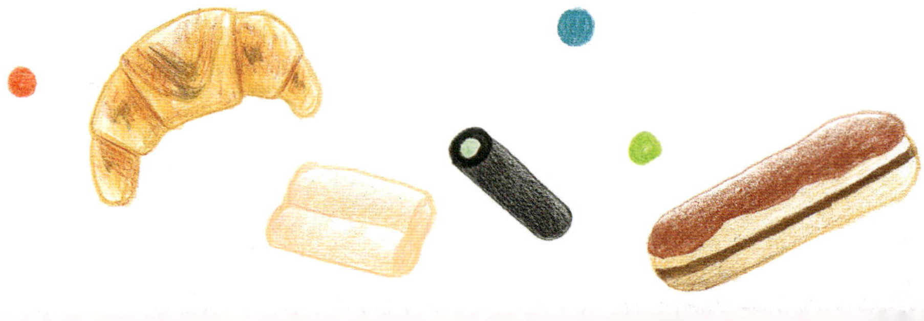

25
Hermann
SEPTEMBRE

La famille Zinzin

– Qu'est-ce que vous faites ? demande Étienne, debout derrière la porte de la chambre où les filles se sont enfermées.
– Un herbier ! crient-elles sans lui ouvrir.
– Qu'est-ce que c'est ? interroge Étienne.
– Un cahier dans lequel tu colles de jolies feuilles.
– Je vais en faire un, moi aussi, lance-t-il.
Le soir venu, les filles montrent les feuilles de chêne, de platane et de marronnier qu'elles ont collées dans leur herbier. Puis vient le tour d'Étienne. Il ouvre fièrement le cahier dans lequel il a collé… des feuilles de couleur, des feuilles à grands carreaux et des feuilles de papier journal !

26
Damien
SEPTEMBRE

CADEAU !

Je cherche des citrouilles aubergine,
Des poissons menthe à l'eau
Des oiseaux rouge grenadine,
Des citrouilles à carreaux,
Des sauterelles gris souris,
Des chatons jaune canari,
Des poussins rose bonbon,
Et des nuages vert gazon !
Avez-vous deviné ?
Je cherche un cadeau merveilleux
pour mon petit amoureux !
Ça y est, j'ai trouvé :
C'est un éléphant orange à pois bleus !

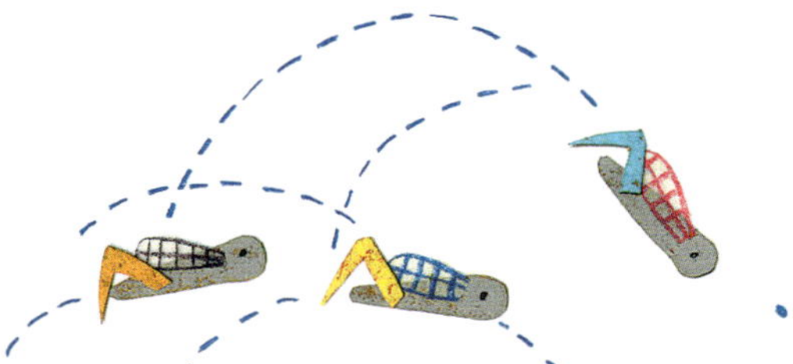

27
Vincent de Paul
SEPTEMBRE

Docteur Quenottes

Docteur Quenottes est le dentiste des animaux, petits et gros.
Ce matin, M. Crocodile arrive en pleurant dans son cabinet.
– Docteur Quenottes, aidez-moi ! J'en ai assez d'effrayer les gens.
Impossible d'avoir des amis, dès que je souris tout le monde s'enfuit.
Arrachez-moi toutes les dents.
Docteur Quenottes se met au travail. Cela dure longtemps.
Mais le crocodile repart très content.
Docteur Quenottes n'a pas le temps de souffler qu'arrive Mlle Souris :
– Docteur Quenottes, aidez-moi ! Je n'arrive jamais à me défendre. À côté de chez moi vit un gros chat très mal élevé qui a en tête de me croquer, et pas moyen de l'effrayer !
Docteur Quenottes a une idée, il remplace les dents de Mlle Souris par des dents de crocodile. Vraiment aujourd'hui, Docteur Quenottes a été très utile : grâce à lui le crocodile a des amis et la souris restera en vie !

28
Venceslas
SEPTEMBRE

L'ourson Caramel

Caramel a perdu une dent !
– Tu as de la chance, déclare Canine. Je me demande ce que la petite souris va t'apporter...
Caramel est impatient. Le soir venu, il dépose sa dent sous sa paillasse et s'endort...
Le lendemain matin, Caramel bondit sur ses pattes.
Il soulève sa paillasse : la dent a disparu ! À la place, il y a une carte.
– Une carte au trésor ! s'écrie l'ours émerveillé.
Sans attendre, il sort de chez lui et suit le chemin indiqué.
Cent pas au nord, dix pas à l'est et cinquante à l'ouest.
– Oh !
Devant Caramel, se dresse un magnifique mûrier rempli de fruits.
– Merci petite souris ! s'écrie le petit ours ravi.

29
Michel
SEPTEMBRE

Les délices de Réglisse

Réglisse prépare une surprise à Guimauve : de délicieuses bananes au caramel et au chocolat !
Adam passe justement par là, du pop-corn à la main.
– Coucou Réglisse ! J'ai vu Guimauve. Elle arrive !
Réglisse se précipite dehors pour l'accueillir.
– Alors mon chéri, quelle est cette surprise ? demande Guimauve.
Réglisse veut lui montrer les friandises mais… Oh non ! Adam a tout mangé !
Il s'en lèche encore les doigts.
Réglisse s'empare alors du pop-corn et dit :
– Ce soir, Guimauve, je t'emmène au cinéma !

30
Jérôme
SEPTEMBRE

Dis papy, pourquoi ?

Wendy adore se promener en forêt avec son papy. Au pied d'un grand chêne, elle aperçoit des petits champignons, tout ronds.
– Dis papy, pourquoi les champignons poussent à l'automne ?
Papy se frotte le menton :
– Ça, Wendy, c'est facile à comprendre. Tu sais qu'à l'automne, il ne fait pas très beau. Et lorsqu'il pleut beaucoup, les toutes petites bêtes de la forêt sont trempées jusqu'au cou. Heureusement, les champignons sont là pour les aider ! Ils sortent de terre et les petites bêtes peuvent s'abriter !

1
Mélodie
OCTOBRE

La princesse sur un pois

Un prince charmant qui était en âge de se marier ne voulait épouser qu'une vraie princesse. Mais où la trouver ? Les vraies princesses étaient si rares.
Un soir d'orage, une jeune fille frappa à la porte du palais.
Son carrosse était tombé en panne et elle ne savait pas où dormir.
– Puis-je loger chez vous ? demanda-t-elle au roi et à la reine.
Et elle précisa :
– Je suis une vraie princesse.
Le roi lui lança un regard méfiant : avec ses cheveux mouillés et ses habits dégoulinants, elle n'avait pas du tout, du tout l'air d'une princesse !
– Nous allons vérifier ! souffla la reine à son époux.
Dans le lit de la chambre d'amis, elle mit un petit pois sur lequel elle entassa dix matelas très épais, dix matelas moins épais, et dix édredons de plume.
L'oreiller touchait presque le plafond, si bien que, pour se coucher, il fallait une échelle !
Le lendemain, quand la jeune fille vint prendre son petit déjeuner, elle était de très mauvaise humeur.
– Je n'ai pas fermé l'œil de la nuit, se plaignit-elle. Il y avait quelque chose de dur au fond de mon lit. Regardez : j'ai des bleus partout !
Elle avait senti le petit pois à travers les vingt matelas et les dix édredons !
« Une peau si délicate appartient forcément à une vraie princesse ! » se dit la reine.
Elle s'empressa d'en informer son fils, qui, tout heureux, la demanda en mariage.
La princesse accepta, à condition qu'il n'y ait plus jamais, jamais, de pois dans son lit. Juste un prince charmant très doux !

2
Léger
OCTOBRE

Cerise et Chocolat

Cerise a beaucoup grandi cet été. Elle a mal aux pieds dans ses vieilles sandalettes.
Alors Cerise va acheter de nouvelles chaussures avec maman. Dans la boutique,
Cerise s'assoit sur un petit banc et un vendeur mesure son pied. Il s'écrie :
– Oh ! Mais vous êtes presque une grande dame !
Cerise essaie ses chaussures préférées et court partout dans la boutique.
Mais Chocolat a disparu ! Cerise le cherche partout.
Il est là ! Caché dans une grande botte !
Ce soir, Cerise est si fière de ses nouvelles chaussures qu'elle veut dormir avec.
Quant à la boîte, elle fait un bon lit pour ce coquin de Chocolat !

3
Gérard
OCTOBRE

Titounail l'épouvantail

Fiouuu fiouuu… Voilà ce coquin de vent
qui souffle, souffle ! Quel boucan !
Fiouuu fiouuu… Voilà ce coquin de vent
qui, sur les feuilles d'Arsène le petit chêne,
joue au toboggan.
Ce vent est vraiment sans gêne !
Voilà que tombent un, deux, trois glands
qui roulent, roulent à perdre haleine !
Deviendront-ils de grands chênes ?
Fiouuu fiouuu… Voilà ce coquin de vent
qui rit en tournoyant
et fait voler le chapeau de Titounail.
Ce vent ! Quelle canaille !
Pas le temps de se demander
si l'écureuil va le lui ramener.
Aïe ! aïe ! aïe ! Les marrons tombent en pluie.
Clic ! Clac ! Pas de soucis !
Titounail ouvre… son parapluie !

4
Aure
OCTOBRE

La sorcière Tête-en-l'air

La sorcière Tête-en-l'air fait tout de travers.
Aujourd'hui, elle a transformé en prince tous les crapauds de l'étang.
« Cela ne peut plus durer, il faut que je me fasse soigner ! »
Elle décolle sur son balai pour aller demander de l'aide à la sorcière médecin.
Mais elle se trompe de chemin, et elle atterrit dans une école.
Dans cette école, une maîtresse, tête en l'air, fait tout de travers.
Elle a renversé l'eau du poisson rouge et cassé les pots de peinture.
« Cela ne peut plus durer, il faut que je change de métier ! Mais d'abord, je dois nettoyer. »
Elle attrape le balai de la sorcière et hop ! elle décolle aussi sec !
La sorcière, elle, n'a jamais pu s'en aller, car à l'école aucun balai n'était capable de voler. Les enfants s'amusent beaucoup avec cette nouvelle maîtresse bizarre qui leur fait faire de la magie.
Quant à la vraie maîtresse… le balai l'a emportée jusqu'à l'étang où elle a rencontré un prince charmant !

5
Fleur
OCTOBRE

Camille et Timinou

Tic tac, tic tac.
Deux yeux verts, dans la nuit, regardent Camille sans bruit.
Tic tac, tic tac.
Ils bougent lentement, et font bouillir son sang.
Tic tac, tic tac.
À qui sont ces deux yeux, à quel monstre curieux ?
Tic tac, tic tac.
Camille n'ose pas bouger, à peine respirer.
Tic tac, tic tac.
Enfin elle réagit, la lumière jaillit !
Tic tac, tic tac.
Deux yeux verts, c'est le réveil, et ses aiguilles qui la nuit veillent.

6
Bruno
OCTOBRE

Poucette

Il était une fois une jeune fille pas plus grande qu'un pouce. Elle se nommait Poucette. Un jour qu'elle dormait dans la coquille de noix qui lui servait de lit, un crapaud se dit :
« Voilà une jolie fiancée pour mon fils ! »
Il l'emporta tout doucement, et quand Poucette s'éveilla, elle voguait au milieu de la mare, sur une feuille de nénuphar.
En voyant l'affreux mari qu'on lui destinait, elle se mit à pleurer.
Les poissons, émus par sa détresse, poussèrent la feuille vers la rive pour qu'elle puisse se sauver. Mais la pauvre Poucette, tremblante de peur et de froid, se perdit dans une forêt inconnue.
Une vieille souris eut pitié d'elle et l'hébergea, en échange de menus services.
Or cette souris avait une idée derrière la tête.
– Vous devriez épouser mon voisin, M. Taupe, lui conseilla-t-elle. Il est très riche !
L'idée de vivre sous la terre horrifiait Poucette mais elle ne voulait pas peiner la souris.
– Je vous répondrai au printemps, promit-elle.
C'était encore l'hiver. En se promenant dans les galeries de M. Taupe, Poucette trouva une hirondelle blessée. Elle la soigna, et au printemps l'hirondelle s'envola… en l'emmenant avec elle.
L'hirondelle emporta Poucette au pays des fleurs et la présenta à un elfe ailé, aussi petit qu'elle. Ils se marièrent et, pour la noce, un vieux papillon offrit ses ailes à la mariée. Désormais, Poucette vole de fleur en fleur.
Et quand elle rencontre un crapaud ou une taupe, elle lui tire la langue !

7
Serge
OCTOBRE

Je serai… dompteuse d'éléphants !

– Quand je serai grande, dit Souris, je serai dompteuse d'éléphants.
Je travaillerai dans un cirque et mon numéro aura du succès dans le monde entier.
– Mais comment feras-tu ? demande Petit Rat. Un éléphant est tellement plus gros que toi ! Il t'écrasera !
– Ne sais-tu pas, poursuit Souris, que les éléphants ont peur des souris justement parce qu'elles sont toutes petites ? Ils ont peur qu'elles se glissent dans leurs trompes. Moi, je grimperai le long de leurs pattes, chatouillerai leurs oreilles, ferai du toboggan sur leur dos. Et crois-moi, ils se trémousseront sans discuter et mon numéro sera parfait !

8
Pélagie
OCTOBRE

Les bêtises de Mariboulette et Tourlourou

– Pour la dernière fois, Mariboulette, viens prendre ton bain !
Mariboulette se cache. Elle ne veut pas. Elle a plutôt envie d'aller jouer dans le jardin. Oui, mais aujourd'hui, il pleut. Alors, ça lui donne une idée qui fera plaisir à tout le monde. Elle se met en maillot de bain et elle court dans le jardin, jouer au ballon, et se faire un costume de feuilles mortes, et patauger dans les flaques… Puis, satisfaite, elle rentre triomphalement dans la maison. Trempée, couverte de boue.
– Ça y est ! J'ai pris ma douche !
Alors, maman a crié très fort.

9
Denis
OCTOBRE

L'ourson Caramel

Depuis quelques jours, Caramel passe son temps à manger, manger, manger !...
– Si tu continues, se moque Canine, la petite louve, tu ne pourras plus rentrer dans ta tanière. Regarde comme tu as grossi.
Caramel éclate de rire. Son amie adore le faire tourner en bourrique !
Mais il doit absolument faire ses réserves pour passer l'hiver.
D'ailleurs, il a repéré un noisetier plein de bonnes noisettes. Caramel escalade l'arbre.
Mais, sous son poids, crac ! patatras ! les branches se cassent, et l'ourson roule dans l'herbe.
– Tu vois, tu es trop gros ! déclare Canine en riant. Attends, j'y vais !
Aussitôt dit, aussitôt fait, elle cueille une brassée de noisettes pour son ami, qui les engloutit d'un seul coup !

10
Ghislain
OCTOBRE

EN FAMILLE

Le vent était amoureux de la pluie
Alors un jour très gris il lui dit :
– C'est un beau jour pour se marier

La belle, émue, pleura quelques gouttes
Et ensemble ils prirent la route
Vers le pays des parapluies

Depuis ils sont très heureux
Avec trois beaux enfants pas très sages
Qui ont pour nom Tonnerre, Éclair, Orage.

11
Firmin
OCTOBRE

Dis papy, pourquoi ?

Aujourd'hui, Wendy a une idée. Dans la forêt, elle va ramasser des feuilles de toutes les couleurs pour les coller.
– Dis papy, pourquoi les feuilles tombent à l'automne ?
Papy aide Wendy à trouver les plus jolies :
– Tu sais mon poussin, lorsque le froid arrive, les petits animaux doivent trouver un abri pour dormir jusqu'au printemps. Alors, ils ont demandé aux arbres de les aider. Sous le tapis de feuilles mortes, les animaux sont bien cachés. Et lorsque vient le printemps, et qu'ils sont enfin réveillés, ils vont jouer sur les nouvelles feuilles qui ont poussé !

12
Wilfried
OCTOBRE

La bronchiolite

Avec l'hiver qui approche et les microbes, Titouan a attrapé une bronchiolite.
Pauvre Titouan, il a du mal à respirer, ses poumons sont encombrés, et tout le monde s'inquiète pour lui : sa petite maman, Virginie, son papa, Lionel, sa grande sœur, Mathilde, et son grand frère, Augustin, qui dort au-dessus de lui.
Et puis il y a aussi son doudou, Bizou Bozo, qui veut aller chez le kiné avec lui.
Parce que le kiné c'est un moment difficile.
Seul l'hippopotame Gropopo a l'air de continuer à vivre.
Mais ça y est, Titouan va mieux. Gropopo vient près de lui.
– Je n'étais pas inquiet parce que je savais que tu étais un gros costaud, lui dit-il.
Mais tu m'as manqué quand même, et j'aime mieux te voir ainsi !

13
Géraud
OCTOBRE

La famille Zinzin

La famille Zinzin est partie cueillir des champignons.
– Certains champignons ne sont pas bons, prévient papa. Montrez-moi ceux que vous trouvez avant de les cueillir.
– En voilà un avec un gros chapeau marron, dit Agathe.
– C'est un cèpe ! Bravo !
– Et ces orange-là ? demande Barnabé.
– On dirait des girolles, dit papa. Pour en être sûr, je demanderai son avis au pharmacien.
– J'en ai trouvé un énorme ! crie maman. Il est blanc avec de gros points rouges.
– Attention ! lance papa. Il doit être vénéneux.
Maman éclate de rire et montre à tous son gros champignon à pois rouges.
C'est Félix qui commence une belle varicelle !

14
Céleste
OCTOBRE

Les délices de Réglisse

Maman Koala doit s'absenter. Elle confie à Réglisse son bébé.
Oui, mais voilà, à peine est-elle partie que le bébé se met à pleurer !
– Il doit avoir faim ! se dit Réglisse.
Hop ! Il lui mitonne un délicieux gratin... Bébé Koala n'en veut pas !
Réglisse réfléchit.
– Peut-être préfères-tu des biscuits ?
Hop ! Il lui prépare des petits pains d'épice...
Bébé Koala n'en veut pas ! Le petit ouistiti est découragé ! Heureusement, maman Koala revient :
– Mais Réglisse, les bébés ne boivent que du lait ! dit-elle, amusée.
Par contre, moi, j'ai une petite faim !
Finalement, Réglisse n'aura pas cuisiné pour rien !

15
Thérèse d'Avila
OCTOBRE

Les habits neufs de l'empereur

Il était une fois un empereur très coquet. Il adorait les beaux habits et n'en avait jamais assez. Un petit malin voulut en profiter pour s'enrichir à ses dépens.

– Je peux vous confectionner le plus magnifique habit du monde, lui dit-il. Mais j'ai besoin de cent pièces d'or pour acheter le tissu.

L'empereur les lui donna. Le petit malin les mit dans sa poche et fit semblant de coudre, sans utiliser ni tissu ni fil.

Comme l'empereur s'étonnait, il lui expliqua :

– J'emploie un tissu spécial : seuls les gens intelligents peuvent le voir. Pour les imbéciles, il est invisible.

L'empereur, qui se croyait très intelligent, fit semblant de voir le tissu, et la cour l'imita.

Quand l'habit fut prêt, l'empereur l'enfila. En réalité, il était tout nu, mais la cour s'extasia :

– Quel habit magnifique !

Car ni l'impératrice, ni les ministres, ni les domestiques ne voulaient passer pour des imbéciles !

– Je mettrai cet habit pour la fête nationale, annonça l'empereur, enchanté de recevoir autant de compliments.

Toute la population fut bientôt au courant. Aussi, quand vint le jour de la fête nationale, l'empereur et son habit magique furent-ils accueillis par des applaudissements.

– Quelle élégance ! affirmaient les uns.

– Quel raffinement ! ajoutaient les autres.

Seul un petit garçon dit à voix haute :

– Oh ! L'empereur est tout nu !

Mais il reçut une claque de la part de son père. Et sa mère pleura, parce qu'elle était triste d'avoir pour fils un imbécile !

16
Edwige
OCTOBRE

Camille et Timinou

Camille a reçu un vélo rouge pour son anniversaire. Un vélo de grande fille, sans roulettes pour l'empêcher de tomber ! Elle l'essaie sur la pente qui descend jusqu'à la boulangerie. Papa la regarde en souriant. Il est très fier d'elle. Mais il y a un gros caillou au milieu de la route. Camille le voit trop tard. Elle freine de toutes ses forces, s'envole par-dessus le vélo et retombe sur le goudron. Quelle frayeur ! Papa arrive en courant. Il attrape sa fille, la serre dans ses bras et la berce doucement. Camille cesse de trembler. Courageusement, elle déclare :
– Pose-moi par terre. Je retourne sur le vélo sans roulettes. Et cette fois, je ne tomberai pas !

17
Baudoin
OCTOBRE

L'ourson Caramel

Il fait froid. Caramel et Myrtille, qui sont levés depuis l'aube, ont travaillé d'arrache-pied. Dans la tanière de Caramel, il y a des châtaignes, des glands et des mûres à profusion.
– J'entends Canine et Plumeau, dit Caramel.
Myrtille les accueille, et les amis s'installent pour manger.
– Quel festin ! s'écrie Canine. Que fête-t-on ?
– Notre prochaine hibernation, explique Myrtille. Ce repas, c'est pour vous dire au revoir.
– Quelle idée de dormir tout l'hiver ! s'exclame Plumeau. C'est super drôle de jouer dans la neige ! Ça ne vous fait pas envie ?
– Peut-être... répond Caramel, rêveur.
Les amis mangent joyeusement en papotant. Repus, ils s'allongent sur la paillasse de Caramel... et bientôt, Canine et Plumeau ronflent comme deux locomotives ! Rrrrrrrrrrr...
– Hé ! C'est nous qui sommes censés dormir ! s'esclaffe Myrtille. Pas vous !

18
Luc
OCTOBRE

Dis papy, pourquoi ?

Souvent, papy vient chercher Wendy à l'école. Aujourd'hui, comme il pleut, papy a apporté son grand parapluie.
– Dis papy, pourquoi il pleut ?
Papy déplie son parapluie :
– Cela arrive lorsque les petits nuages ont du chagrin. Parfois, à l'école, ils sont comme toi, ils ont envie de voir leur maman, tout de suite et maintenant ! Alors, ils se mettent à pleurer. Mais lorsque leurs mamans reviennent, les petits nuages sont à la fête, et le soleil revient briller au-dessus de nos têtes.
– Moi, je pleure jamais ! dit Wendy, en mentant juste un petit peu...

19
René
OCTOBRE

JE T'AIME, UN PEU, BEAUCOUP !

Je t'aime bien mon amoureuse
Et un peu plus les journées nuageuses,
Je t'aime beaucoup par temps de pluie
Quand on se serre sous ton parapluie,
Je t'aime aussi passionnément
Main dans la main les jours de grand vent,
Et quand le soleil luit
Je t'aime je t'aime à la folie,
Je cueille un rayon de soleil
Et de lui je fais un lasso
Pour t'attraper et te faire mille baisers

20
Adeline
OCTOBRE

La famille Zinzin

– À vos marques ! Prêts ? Partez !
Le signal est donné. Les concurrents s'élancent sur la piste, un dossard sur le dos.
– Allez les verts ! Allez les verts ! crient Célestine et Barnabé.
– Dépêchez-vous les bleus ! encouragent Agathe, Diane et Étienne.
Sur le terrain de course, les petits animaux font de leur mieux pour épater leurs entraîneurs.
Une heure plus tard, pourtant, la course n'est toujours pas terminée.
– Allez les bleus ! bâille Agathe.
– Quand vont-ils passer la ligne d'arrivée ? s'inquiète Diane. C'est long !
– Je ne sais pas, avoue Agathe. C'est la première fois que j'organise une course d'escargots !

21
Céline
OCTOBRE

Les délices de Réglisse

Réglisse est triste : Guimauve part pour quelques jours en voyage, sans lui.
Avant de partir, elle vient saluer son Réglisse chéri.
– Au revoir ! Je reviendrai bientôt ! dit-elle en lui caressant le dos.
Réglisse lui tend un petit sac.
– Tiens, tu l'ouvriras lorsque tu seras loin.
Une fois dans le train, Guimauve se dépêche d'ouvrir le sac, et que trouve-t-elle ?
Des bonbons, des sucettes et des chamallow…
en réglisse.
Il y a aussi un petit mot qui dit :
« Pour que tu ne m'oublies pas.
Signé : Réglisse »

22
Salomé
OCTOBRE

Cerise et Chocolat

Sur son vélo, Cerise roule à toute vitesse dans la forêt d'automne.
– N'aie pas peur Chocolat !
Mais soudain, boum, patatras ! Accident ! Cerise tombe de vélo… et Chocolat aussi ! Papa accourt, serre Cerise dans ses bras et frotte son genou. Cerise ne pleure pas, elle dit :
– Moi, ça va, mais Chocolat s'est fait un gros bobo au bras !
– Pauvre Chocolat, on va rentrer à la maison pour te soigner, dit papa.
Sur son vélo, Cerise chantonne :
– *Pin-pon, pin-pon ! Laissez passer les pompiers !*
À la maison, papa lave le bras de Chocolat, tout doux, tout doux . Il lui met un beau pansement et voilà ! Chocolat est guéri !

23
Simon
OCTOBRE

Les blaireaux sont de sortie !

La tête collée aux carreaux, Émilie a le cœur triste.
Elle grommelle :
– Je n'aime pas la pluie.
– Toi peut-être pas, lui dit papy, mais les escargots l'aiment, et puis les blaireaux aussi ! parce qu'elle fait sortir les vers de terre et qu'ils adorent les vers de terre.
C'est un de leurs plats favoris ! Alors, quand il pleut, ils sortent parfois avant la nuit…
Soudain le téléphone sonne. C'est la maman d'Émilie.
– Il pleut, c'est dommage, dit-elle. Aujourd'hui vous ne serez pas de sortie…
– Nous non, répond gaiement Émilie, mais les blaireaux si !

24
Florentin
OCTOBRE

Ali Baba et les quarante voleurs

Ali Baba se promenait dans la forêt quand quarante voleurs portant de gros sacs passèrent près de lui. Il les suivit discrètement. Parvenus devant une caverne, le chef des voleurs dit :
– Sésame, ouvre-toi !
La porte de la caverne s'ouvrit. Les voleurs déposèrent leur butin à l'intérieur, puis s'en allèrent. Sitôt seul, Ali Baba répéta la phrase magique et entra.
La caverne était pleine de sacs de pièces d'or. Ali Baba en prit le plus possible, puis se sauva avant que les voleurs ne reviennent. Imaginez la joie de sa femme !
Elle s'empressa de raconter l'affaire à sa belle-sœur, qui en parla à son mari, Cassim.
Cassim était un homme brutal. Sous la menace, il obligea son frère à lui révéler l'emplacement du trésor et le mot magique. Puis il prit dix mules chargées de paniers et s'y rendit. Il était occupé à remplir les paniers quand il entendit les chevaux des voleurs. Vite, il chercha le mot magique pour rouvrir la porte et se sauver. Mais dans son affolement, il l'avait oublié.
– Blé, ouvre-toi ! Non, ce n'est pas ça... Orge, ouvre-toi ! Non... Seigle, ouvre-toi !...
Cassim cherchait encore quand les voleurs entrèrent dans la caverne.
Ils le tuèrent, puis ils remirent les sacs d'or à leur place, sans remarquer qu'il manquait les pièces emportées par Ali Baba.
Ali Baba vécut dans l'opulence jusqu'à la fin de ses jours, avec sa femme et sa belle-sœur, qui ne regretta pas son méchant mari !

25
Crépin
OCTOBRE

La gazette d'Eliot et Margaux

Il pleut, il mouille, c'est la fête à la citrouille !
Celle qui pousse dans le jardin de M. Lampion est si grande qu'on pourrait même y habiter ! Une citrouille si énorme qu'Eliot et Margaux l'ont prise en photo !
– Ouah ! On dirait le vieux carrosse de Cendrillon !
Aujourd'hui, quelqu'un vient la peser. Et pour la soulever, il faut une grue de chantier.
Les enfants rigolent et M. Lampion est rudement fier.
Pensez donc, sa citrouille sera bientôt dans *Le Livre des records* !
Allez hop ! Une nouvelle photo avec Eliot et Margaux.
Mais sortez les parapluies… parce qu'il pleut, il mouille, même si c'est la fête à la citrouille !

26
Dimitri
OCTOBRE

Titounail l'épouvantail

– Regarde mon joli chapeau ! a chantonné une voix
à Titounail l'épouvantail, ce matin-là.
C'était un champignon,
tout blanc, tout rond !
– Turlututu, chapeau pointu !
Vous ne m'avez pas vu ?
questionne un autre, couleur cacao.
– N'est-ce pas moi le plus beau ?
– Non, c'est moi !
– Mais enfin, c'est moi !
s'exclament de tous côtés des petites voix.
Marron, blancs, rouges, jaunes, dorés,
en cloche, en poire, unis ou tachetés…
ils sont peut-être des milliers
de champignons bien chapeautés !
Les yeux de Titounail s'illuminent…
– Mais oui ! Ce soir, c'est Halloween !
Nous danserons avec les sorcières !
Ça sera la fiesta dans la clairière !

27
Émeline
OCTOBRE

Vite, Souridouce

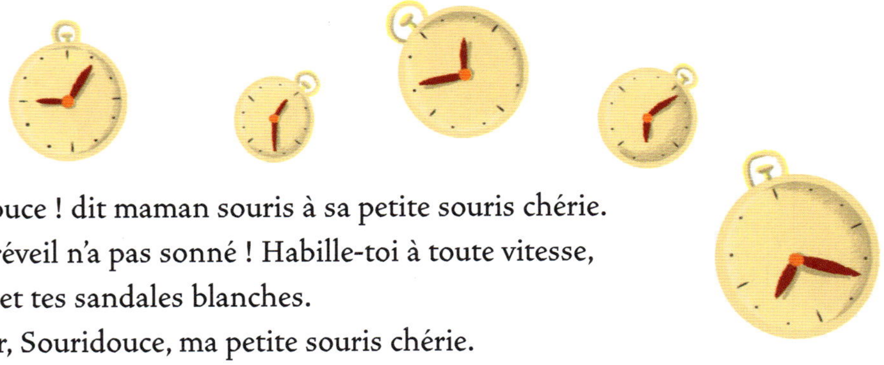

– Vite, dépêche-toi, Souridouce ! dit maman souris à sa petite souris chérie.
Nous sommes en retard, le réveil n'a pas sonné ! Habille-toi à toute vitesse,
mets ta robe, tes socquettes et tes sandales blanches.
Vite, avale ton petit déjeuner, Souridouce, ma petite souris chérie.
Bois ton lait au chocolat, sans salir tes moustaches et grignote ta tartine à toute allure,
sans renverser la confiture ! Lave-toi aussi la frimousse, astique tes quenottes et lisse ton poil !
Mais fais vite, Souridouce, car nous sommes en retard pour aller à l'école.
Allez, filons ! Vite, vite, dépêchons !
Mais je n'y comprends rien : le portail de l'école est fermé, je n'entends aucun rire, aucun cri…
– Moi, maman souris, j'ai compris, dit Souridouce.
Bien sûr, l'école est fermée ! Aujourd'hui, c'est le premier jour des vacances.
Quelle chance ! Allons nous recoucher !
Sur le chemin de la maison, Souridouce trottine plus vite que le vent.
Et sa maman souris la suit difficilement.
– Moins vite, Souridouce, ma petite souris chérie.

28
Jude
OCTOBRE

PETITE MUSIQUE

La pluie fait plic
La pluie fait ploc,
La pluie fait plic ploc plic,
C'est la musique des gouttes d'eau
Celle que préfèrent les escargots.
Mon cœur fait tic,
Mon cœur fait toc
Mon cœur fait tic toc tic,
C'est la musique de mon cœur qui bat…
Tic toc tic quand tu es là !

29
Narcisse
OCTOBRE

Je serai… gardien de zoo !

– Plus tard, dit petit Ogre, je serai gardien de zoo.
– Qu'est-ce qui te plaît dans ce métier ? demande Vampire.
– Tu ne devines pas ? Pour moi, le zoo sera comme un grand frigo !
Si j'ai une petite faim, hop, je mange un lapin ! Un gros appétit ? Hop, un kangourou d'Australie ! Un petit creux ? Hop, un écureuil avec sa queue !
– Mais tu es méchant, dégoûtant, effrayant !
– Mais pas du tout ! Je suis un ogre, voilà tout. D'ailleurs Vampire, j'ai une petite faim… Avec toi, je ferai un vrai festin !
À ces mots, Vampire s'enfuit en courant.
– Reviens, Vampire ! s'écrit petit Ogre, c'était pour rire !

30
Bienvenue
OCTOBRE

Les bêtises de Mariboulette et Tourlourou

– Je suis une fée avec des pouvoirs magiques et tu dois m'obéir !
– T'es rien du tout et je fais ce que je veux.
– Puisque c'est ainsi, je vais te transformer en vilain crapaud ! Pfouit !
– Raté ! Tu sais bien qu'elle ne marche jamais, ta baguette magique !
– Tu es un crapaud ! Et si tu ne me crois pas, tu n'as qu'à te jeter dans cette mare profonde ! Et tu y bondiras de nénuphar en nénuphar !
– Ah oui ?
La tentation fut la plus forte. Tourlourou sauta à pieds joints dans la mare, et coula comme une pierre. Quand il est remonté à la surface, il avait une grenouille sur la tête.

31
Quentin
OCTOBRE

Dis papy, pourquoi ?

Aujourd'hui, c'est le 31 octobre, et Wendy, la reine des questions, prépare Halloween avec son papy. Dans la chambre, Wendy enfile fièrement son déguisement.
Se déguiser, ce n'est pas compliqué : un chapeau pointu, une vieille robe de mamie, un balai, et le tour est joué ! Wendy, la petite sorcière, va rejoindre papy dans la cuisine.
Sur la table, trois belles citrouilles sont déjà découpées.
– Dis papy, on fait quoi des citrouilles après Halloween ?
Papy allume des bougies :
– Eh bien, le lendemain matin, je les mets dans le jardin. Car une belle citrouille, ça fait une chouette maison pour les grenouilles. Il y a des portes et des fenêtres, comme ça elles peuvent voir le ciel au-dessus de leur tête !
Après avoir placé les citrouilles près des fenêtres, papy va se déguiser. Une grande cape et un chapeau, voilà un drôle de déguisement qui n'a pas de nom. En redescendant l'escalier, papy décide de faire une blague : il va se cacher, histoire de rigoler. Oui mais voilà, derrière la porte du placard, il sent quelque chose le chatouiller dans le noir. Papy sursaute, affolé :
– Ah ! mais qu'est-ce que c'est ?
– Bouh !
Wendy, la petite sorcière, sort du placard en riant :
– Je m'étais cachée avant toi !
Après avoir bien ri, Wendy et papy mettent des bonbons de toutes les couleurs dans des saladiers. Bien sûr, Wendy a décidé de tous les goûter !
– Hum, ceux-là, je les garde pour moi ! dit la petite gourmande. Tu sais, papy, moi j'aime bien Halloween !
– Parce que tu peux manger des bonbons ? lui demande papy.
– Ah oui, mais aussi, parce que je peux jouer avec mon papy !

1
Toussaint
NOVEMBRE

Cerise et Chocolat

Bien emmitouflée, Cerise va au lac avec un sac de pain dur.
En chemin, elle grignote un croûton.
– Coquine ! lui dit maman. Le pain dur, c'est pour les canards !
Au lac, Cerise appelle :
– Les canards ! J'ai une surprise, pour vous !
Les voilà ! Cerise lance une poignée de miettes pour les uns, de gros morceaux de pain pour les autres. Quand arrivent trois petits canetons affamés, le sac est vide.
Cerise est désolée.
– Vous êtes en retard ! Je n'ai plus rien pour vous !
Cerise réfléchit.
– Je vous donne un bout de mes biscuits, mais vous, les gros canards, poussez-vous. Les biscuits, c'est pour les petits !

2
Défunts
NOVEMBRE

Dis papy, pourquoi ?

Wendy adore aller au zoo avec son papy. Au zoo, il y a plein d'animaux rigolos.
– Dis papy, pourquoi les éléphants ont un long nez ?
Comme toujours, Papy le sait :
– Ça s'appelle une trompe, ma chérie, et ça leur sert aussi de main. Il y a bien longtemps, le tout premier éléphant avait un petit nez. Chaque jour, il passait devant un bananier et se disait : « Hum, moi aussi, j'aimerais bien manger des bananes ! » Oui, mais comment les attraper ? À force d'essayer, son nez s'est allongé et un beau matin, il a pu prendre une belle banane avec sa nouvelle main. Et il s'est drôlement régalé, le coquin !

3
Hubert
NOVEMBRE

Les bêtises de Mariboulette et Tourlourou

– Mémé ! On va t'apprendre à faire du vélo !
– Ça, c'est une bonne idée, mes chéris !
Et c'est vrai qu'il y a longtemps qu'elle n'en a pas fait, du vélo, mémé. Mais sur le petit vélo à roulettes que lui ont prêté Mariboulette et Tourlourou, elle a du mal. Alors, ils la poussent vers une grande rue en pente. Et d'un coup, mémé est partie comme un obus ! On a entendu son grand cri se perdre dans le lointain de la pente, tout en bas.
– Maman ! a crié papa.
Mais elle a atterri dans un buisson bien confortable du bord de la route.
Et elle rigolait. Sacrée mémé !

4
Charles
NOVEMBRE

Titounail l'épouvantail

Pan ! Pan ! Ouah ! Ouah !
Bruits de fusils, bruits de pas,
de grands cris, des chiens qui aboient…
Titounail l'épouvantail se réveille en sursaut.
Un lapin se blottit sous son manteau,
une colombe se cache sous son chapeau,
en gémissant : – Cachons-nous !
Sinon le chasseur nous tordra le cou !
Pan ! Pan ! Ouah ! Ouah !
Bruits de fusils, chiens qui aboient…
Les voilà !…
Tout souriant, Titounail étend ses bras :
– Ils sont partis par là !
Tout le monde part en criant,
part en courant !
Plus un bruit… C'est fini !
Colombe et lapin s'enfuient
en criant à Titounail : – Merci !

5
Sylvie
NOVEMBRE

La chèvre de M. Seguin

Ah ! Qu'elle était jolie, cette petite chèvre blanche !
M. Seguin ne se lassait pas de l'admirer !
– Celle-là, le loup ne la mangera pas ! répétait-il à tout le monde.
Pauvre M. Seguin ! Avant Blanquette, il avait eu huit chèvres, et elles s'étaient toutes sauvées pour aller gambader dans la montagne.
Or, dans la montagne, il y avait le loup...
Mais cette fois, M. Seguin était bien décidé à garder sa chèvre.
Il lui fit un bel enclos, la caressa, lui parla doucement :
– Tu seras si heureuse ici que tu n'auras pas envie de t'enfuir, disait-il.
– Mêêê, approuvait doucement Blanquette.
Hélas, les chèvres sont vagabondes. En grandissant, elle se mit, elle aussi, à rêver de liberté.
– Laissez-moi aller dans la montagne ! demanda-t-elle un jour à M. Seguin.
Le brave homme refusa, et pour qu'elle ne soit pas tentée de désobéir, il l'enferma dans l'étable.
Dès qu'il eut le dos tourné, Blanquette sauta par la fenêtre ouverte et courut dans la montagne.
Tout le jour, elle brouta une herbe délicieuse, bondit par-dessus les précipices et escalada les rochers. Jamais elle ne s'était autant amusée.
Puis vint le soir ; deux yeux cruels brillèrent dans l'obscurité. Le loup !
– Blanquette ! Reviens ! criait M. Seguin, du seuil de sa maison.
Blanquette ne l'entendait pas. Elle était bien trop occupée à repousser le loup avec ses petites cornes ! Elle se battit courageusement toute la nuit. Mais comme le loup était plus fort qu'elle, au matin, il la dévora.

6

Bertille

NOVEMBRE

L'ourson Caramel

Dehors, il neige.
– Il est temps de préparer ma tanière pour l'hiver, décide Caramel.
Il part dans la forêt ramasser des feuilles et des herbes sèches.
Au détour d'un chemin, il croise Myrtille. Elle aussi est en train de se faire un bon lit douillet.
– Bonjour Caramel ! Je voulais te donner ceci avant d'aller dormir.
Myrtille tend à Caramel un doudou lapin en velours rouge.
– Un doudou ! Oh ! Merci Myrtille ! s'écrie Caramel. Tiens, moi aussi j'ai un cadeau pour toi.
Il donne à son amie un joli bonnet de laine.
– Je l'ai chipé à un petit d'homme pour que tu aies bien chaud aux oreilles !
Les deux petits ours s'embrassent sur le museau et rentrent chez eux.
Tout au fond de sa grotte, Caramel dépose les herbes de manière à former un matelas épais.
– C'est parfait ! déclare l'ours en s'allongeant sur le ventre.
Il serre son doudou lapin entre ses pattes et s'endort.

7

Carine

NOVEMBRE

Du chou pour les papillons

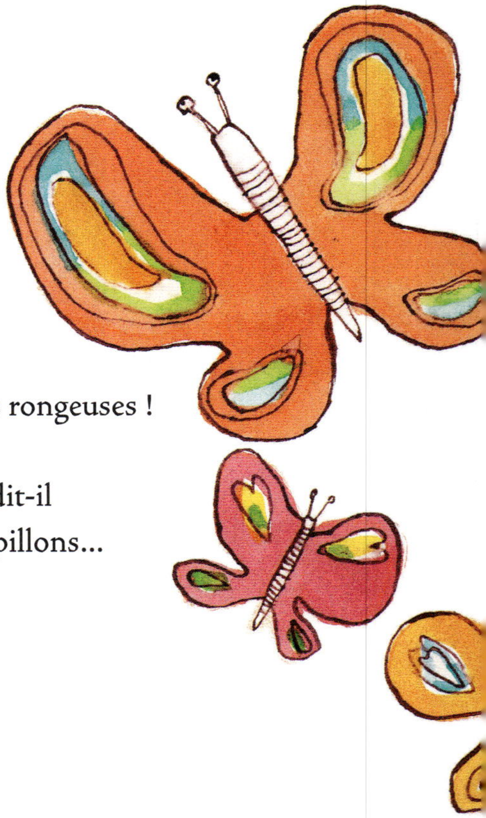

Le papa de Luce aime bien jardiner un peu. Dans son jardin, il a des mûres et, côté légumes, il a des choux.
Ce matin, quelques chenilles s'y sont installées.
– Bon d'accord, leur dit le papa de Luce, je vous donne une, deux, trois feuilles, mais pas plus !
Mais le lendemain, les chenilles ont fait des trous partout, les rongeuses !
Luce s'inquiète. Elle craint que son papa ne s'énerve...
– Quelle misère ! gronde son père. Mais, la bonne nouvelle, dit-il en regardant Luce, c'est qu'au printemps, nous aurons des papillons...

8
Geoffroy
NOVEMBRE

Camille et Timinou

Camille adore son oncle Jacques. Mais cet oncle a un grand défaut : sa barbe brune pique comme un hérisson. Quand on lui fait un bisou, on croit embrasser une pelote d'épingles.
C'est l'anniversaire de Camille aujourd'hui. Oncle Jacques a promis deux belles surprises. Elle est impatiente de découvrir ses cadeaux… mais a peur de se frotter à la barbe hérisson ! Ses joues la piquent à l'avance.
Quelqu'un sonne. En ouvrant, Camille découvre un inconnu qui lui dit :
– Tu me reconnais ?
C'est l'oncle Jacques bien sûr ! Il a rasé sa barbe, son menton est lisse.
Il embrasse Camille et lui tend un gros paquet :
– Ce bisou doux est ma première surprise. Voici la seconde, ma chérie.
Bon anniversaire !

9
Théodore
NOVEMBRE

Je serai… vendeur de glaces !

– Moi, plus tard, dit Bonhomme de neige, je serai vendeur de glaces. Tout l'hiver, je vendrai des glaces sur le marché. Pistache, framboise, caramel, chocolat, vanille des îles, fraise des bois… Devant ma boutique, plein d'enfants attendront pour voir de leurs propres yeux le bonhomme de neige qui vend des glaces !
Et puis, quand l'hiver s'en ira, que le froid disparaîtra, que la neige fondra, que le printemps apparaîtra, et bien moi, le petit bonhomme de neige qui vend des glaces, j'entrerai dans mon frigo… pour faire un gros dodo ! Jusqu'à l'hiver d'après, où je ressortirai le bout du nez… tout gelé !

10
Léon
NOVEMBRE

La rose Pimpernelle

Un roi avait tout pour être heureux : une charmante femme, deux beaux enfants et de grandes richesses. Mais il lui manquait la rose Pimpernelle.
Son désir de la posséder était si grand qu'il dit un jour à ses enfants :
– Celui d'entre vous qui m'apportera la rose Pimpernelle aura la moitié de mon royaume.
Le prince et la princesse partirent chacun de son côté. Mais le prince eut beau fouiller tous les jardins du pays, il ne rapporta qu'une fleur d'églantine, qui se fana en route.
Sa sœur, en revanche, trouva la rose.
Fou de jalousie, le prince la tua et l'enterra au pied d'un hêtre. Puis il donna la rose Pimpernelle à son père, et reçut la moitié du royaume.
On mit la disparition de la princesse sur le compte de bandits, et le roi et la reine restèrent inconsolables. Le temps passa. Un jour, un petit paysan coupa une branche du hêtre et en fit un sifflet. Lorsqu'il souffla dedans, on entendit la voix de la princesse qui chantait :
– *Ce n'est pas toi qui m'as tuée !*
La chose vint aux oreilles du roi, qui décréta :
– Toute la population doit souffler dans le sifflet !
Ce fut fait. Et à chaque personne le sifflet chantait :
– *Ce n'est pas toi qui m'as tuée !*
Puis vint le tour du prince. Quand il souffla dans le sifflet, la voix de la princesse chanta :
– *C'est toi qui m'as tuée !*
Pour punir le coupable, le roi lui fit couper la tête. On l'enterra près de sa sœur. Et quand le vent souffla dans les branches de l'hêtre, celui-ci chanta :
– *Bien fait pour toi !*

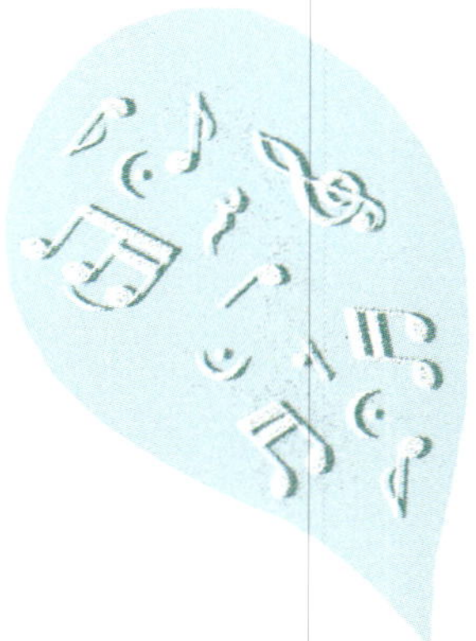

11
Martin
NOVEMBRE

La famille Zinzin

– Maman ! Maman !
Assise dans son lit, Célestine appelle en pleurant.
– Qu'est-ce qui ne va pas ? demande maman encore tout endormie.
– J'ai fait un cauchemar.
– Raconte-moi ton rêve dans le creux de l'oreille et après ça ira mieux, la rassure maman.
Célestine se penche vers maman et lui raconte son horrible cauchemar. Quand elle a fini, le mauvais rêve a disparu, comme par magie. Célestine se rendort tout de suite.
Oui, mais quelques minutes plus tard… maman est assise dans son lit.
– Qu'est-ce qui ne va pas ? marmonne papa en bâillant.
– J'ai fait un cauchemar ! dit maman. Le cauchemar de Célestine !

12
Christian
NOVEMBRE

Les délices de Réglisse

Toucancan s'est mis en tête de faire le portrait de Réglisse.
– Tous les grands cuisiniers ont un portrait accroché dans leur cuisine ! affirme-t-il.
Réglisse accepte de poser avec sa toque et sa cuillère.
– Voyons… Il manque la petite touche finale ! dit Toucancan en plaçant un saucisson sur la table. Toucancan peint des heures durant…
Réglisse, qui a des crampes, demande :
– C'est bientôt fini ?
– Presque ! répond Toucancan.
Quelques minutes plus tard, l'artiste lui montre enfin son travail.
– Voilà ! Ça te plaît ?
Réglisse fronce les sourcils, puis éclate de rire.
– Tu es vraiment un drôle d'oiseau, Toucancan !

13

Brice

NOVEMBRE

Fantoche, la pétoche !

Fantoche, le fantôme, adore semer la pétoche !
Il s'installe dans une grande maison où vit une famille avec quatre enfants.
Dès la première nuit, c'est parti : Fantoche se glisse dans les lits, pince les pieds, siffle des « hou hou hou » terribles ! Tout le monde est vert de peur.
Le lendemain, la famille fait sa valise. Plus question de rester vivre ici. Fantoche, le fantôme, se retrouve tout seul... Maintenant, c'est lui qui a peur dans cette grande maison... trop peur ! Il vole dehors en criant aux enfants :
– Revenez, je serai gentil ! Je veux être votre ami !
Les enfants sont terrorisés par ces deux gros yeux qui sortent du brouillard.
Mais Fantoche les prend dans ses bras.
– Par pitié, ne partez pas !
Il leur fait à chacun un bisou de fantôme si doux que toute la famille revient sur ses pas.
À l'école, personne ne croit les enfants quand ils racontent qu'ils habitent avec un fantôme et que, si un voleur approche, Fantoche lui donne la pétoche !

14

Sidoine

NOVEMBRE

Je serai... couturier !

– Plus tard, dit Petit Fantôme, je serai couturier. Comme ça, je pourrai me fabriquer des habits par milliers. Pantalon bouffant, bermuda en drap, redingote et cravate. Et aussi nœud papillon, chemise à pois, chapeau melon !
Comme ça, je suis sûr qu'on me verra. J'en ai assez, moi, d'être invisible !
Et puis aussi, je fabriquerai des habits gris pour mon papa, des vêtements élégants pour ma maman, des chaussures à fleurs pour ma petite sœur, des tuniques à fermeture Éclair pour mon grand frère.
Et puis, je les inviterai tous à une grande fête. Ce sera la plus belle des soirées... déguisées !

15
Albert
NOVEMBRE

Cerise et Chocolat

Il fait nuit. Cerise dit au revoir à la lune et installe tous ses amis dans son lit : sa poupée, son éléphant et sa souris. Et Chocolat ? Il est caché sous la couette, le coquin. Cerise fait semblant de le gronder :
– C'est l'heure de dormir, gros nounours !
Mais il n'y a plus de place pour Chocolat dans le petit lit… Cerise a une idée. Elle murmure à l'oreille de son doudou :
– Toi, tu auras toujours la plus belle place dans mon cœur. Et zou !
Elle met Chocolat sous sa tête, comme le plus doux des oreillers, et ferme les yeux. Bonne nuit !

16
Marguerite
NOVEMBRE

Qui aura la trouille de la citrouille ?

C'est le mois de novembre. Mamie et Émilie reviennent du marché avec un gros légume orange qui porte une grosse tige. Elles s'enferment en secret, coupent le haut du légume, et puis ensuite elles le vident. Et alors que papy pense qu'elles font seulement une petite soupe inoffensive, une drôle de tête apparaît sur la table de la cuisine. Ses yeux sont triangulaires et sa bouche a des dents terribles.
– Et le soir d'Halloween, qui aura la trouille de la citrouille ?
demande mamie.
– C'est papy ! rit Émilie.

17
Élisabeth
NOVEMBRE

La gazette d'Eliot et Margaux

Bizarre, bizarre… Il y a comme un hic dans le jardin public !
Eliot en est certain. Il n'y a jamais rien eu à cet endroit du parc.
Margaux inspecte l'étrange statue de la tête aux pieds. Elle est grande, mais pas trop, et ressemble à un magicien en pierre avec un grand chapeau…
A-t-il été victime d'un mauvais tour ? Ou transformé en statue par un méchant sorcier ?
Les enfants sursautent. La statue vient de bouger !
Elle fait un quart de tour, soulève son chapeau et les salue.
Puis elle s'immobilise à nouveau.
Eliot et Margaux n'en reviennent pas. Ce n'est pas une vraie statue, mais un vrai monsieur qui fait la statue !

18
Aude
NOVEMBRE

BISOUS BISOUS

Bisou du matin
Coquin,
Bisou du midi
Chipie,
Bisou du soir
J'y vois rien, c'est tout noir !

19
Tanguy
NOVEMBRE

La source de Jouvence

Assis sur le seuil de leur porte, un très vieil homme et une très vieille femme pleuraient.
– Qu'avez-vous ? leur demanda une fée.
– Nos cheveux sont blancs, répondirent-ils. Bientôt la mort nous séparera, nous qui vivons ensemble depuis un demi-siècle.
– Cela peut s'arranger, dit la fée. Dans ce bois coule une source de Jouvence. Celui qui en boit rajeunit de dix ans à chaque gorgée.
– Allons-y ! s'écrièrent les vieillards, tout joyeux.
– Vous devez vous y rendre séparément, précisa la fée avant de disparaître.
La vieille partit la première, d'un petit pas tremblant. Elle revint un peu plus tard aussi jeune et fraîche qu'au jour de ses noces.
– J'ai bu cinq gorgées, dit-elle à son mari. À ton tour !
Il s'en fut, lui aussi, le dos courbé par l'âge. Imaginez avec quelle impatience elle attendit son retour ! Hélas, les heures passèrent et il ne revint pas.
Sa femme, inquiète, partit à sa recherche. Mais devant la source de Jouvence, il n'y avait personne. Toute désemparée, elle le cherchait des yeux quand un petit cri se fit entendre. Il provenait des hautes herbes bordant la source. Elle les écarta et trouva un bébé dont les traits lui étaient familiers.
– Mon mari, dit-elle, est-ce toi ?
Elle l'examina, puis hocha la tête.
– Oui, c'est bien toi… D'ailleurs, quoi d'étonnant ? Comme à ton habitude, tu as encore trop bu !
Elle le prit dans ses bras et, joyeusement, l'emporta chez elle. Car elle rêvait d'être mère et n'avait jamais pu avoir d'enfant !

20
Edmond
NOVEMBRE

Les bêtises de Mariboulette et Tourlourou

Tourlourou décide de jouer au Schtroumpf, et que Mariboulette sera la Schtroumpfette.
– Schtroumpfette toi-même ! Est-ce que j'ai une tête de Schtroumpfette ?
Alors, Tourlourou va dans le garage chercher le pot de peinture bleue avec laquelle papa repeint sa voiture, et il peint Mariboulette en bleu, la figure d'abord.
– Maintenant, tu as une tête de Schtroumpfette !
Puis, il se peint lui-même. Et alors, maman est arrivée, verte de rage.
Elle les a condamnés à se laver jusqu'à ce qu'ils redeviennent roses.
Mais à force de frotter, ils étaient plutôt rouge vif.

21
Présentation de Marie
NOVEMBRE

Le vent a beaucoup soufflé

Cette nuit, le vent a beaucoup soufflé. Toutes les feuilles des arbres sont tombées.
L'hiver est tôt cette année. La vieille voisine Célestine sort avec son grand balai.
Ce n'est pas pour chasser l'hiver. On ne peut pas le chasser. C'est pour préparer son arrivée et que tout soit bien rangé. Antoine ouvre sa fenêtre.
– Est-ce que je peux vous aider ?
– Si tu veux ! dit Célestine.
Antoine enfile son cache-nez et, au lieu de ramasser les feuilles mortes, il court dedans, le chenapan, et Célestine le poursuit en riant avec son balai !

22
Cécile
NOVEMBRE

Camille et Timinou

La journée d'école est bientôt terminée. Les enfants sont assis sur le tapis, près du grand tableau noir. La maîtresse leur raconte une histoire.
Une première maman arrive, puis une deuxième. Les enfants partent les uns après les autres. Bientôt, ils ne sont plus que deux dans la classe.
Camille ne comprend pas. Maman devrait être là depuis longtemps !
Quelqu'un franchit la porte. Le cœur de Camille bat très fort. Mais non !
Cette fois, c'est Max qui s'en va… Camille est seule maintenant, toute seule.
Où est maman, pourquoi un tel retard ? Son ventre se serre, elle se mord les lèvres sans faire exprès. Enfin, la voix familière retentit. Maman est là !
Camille bondit dans ses bras. Elle est sauvée.

23
Clément
NOVEMBRE

L'ourson Caramel

Des boules de neige volent dans la clairière. Canine et Plumeau s'amusent dans la neige fraîche.
– On va chez Caramel ?
– Oui, hi hi !
Les deux amis se précipitent chez le petit ours. Canine regarde dans la grotte.
Ron-pisch, ron-pisch, ron-pisch !
– Il ronfle ! Tu es prêt, Plumeau ?
– Oui ! répond celui-ci, des boules de neige plein les bras.
Les deux amis bondissent dans la tanière et bombardent Caramel !
Boum ! Bing ! Bang ! L'ours ouvre un œil, grogne et se rendort.
– Ça alors ! s'exclame Plumeau, il ne s'est même pas réveillé !
Sans bruit, la louve et le blaireau s'en vont… continuer leur bataille de boules de neige dehors !

24
Flora
NOVEMBRE

Les trois petits cochons

Il était une fois trois petits cochons qui voulaient bâtir leur maison. L'aîné, Nif-Nif, qui était très paresseux, construisit sa maison en paille. Ce fut vite fait. Le deuxième, Nouf-Nouf, la construisit en bois, ce qui prit un peu plus de temps. Mais le troisième, Naf-Naf, qui était le plus courageux des trois, la construisit en brique. Pendant que ses frères chantaient, dansaient et jouaient à saute-mouton, il cuisait les briques et mélangeait le mortier. Ses frères se moquaient de lui, mais il leur répondait :
– Ma maison sera bien plus solide que les vôtres. Vous verrez, quand le loup viendra !
En effet, il vint ! Il toqua d'abord à la porte de Nif-Nif, et comme le petit cochon n'ouvrait pas, il souffla de toutes ses forces… et pfuit ! la maison s'envola.
Vite, vite, Nif-Nif courut se réfugier chez son frère Nouf-Nouf.
Le loup le suivit et toqua à la porte de la maison de bois. Comme Nouf-Nouf n'ouvrait pas, il donna un énorme coup de pied… et crac ! la maison s'effondra.
Vite, vite, Nif-Nif et Nouf-Nouf coururent se réfugier chez leur frère Naf-Naf.
Le loup les suivit, et toqua à la porte de la maison de brique. Comme Naf-Naf n'ouvrait pas, il souffla, puis donna des coups de pied, des coups de tête, des coups de dents… rien à faire ! La maison était si solide qu'elle ne bougea pas.
Alors, le grand méchant loup monta sur le toit pour entrer par la cheminée.
Mais comme Naf-Naf avait fait du feu, il se brûla les fesses !

25
Catherine
NOVEMBRE

OH ! LES AMOUREUX !

Il y a Pauline qui aime Rémi
Qui aime Manon
Manon aime Yvon qui préfère Justine
Justine aime Thomas, qui lui ne l'aime pas
Mais qui préfère Julie qui elle aime Paul
Qui hausse les épaules et préfère Marie
Qui adore Julien qui lui ne dit rien
Mais aime bien Laura qui elle ne sait pas
Mais aime bien Clément qui a une préférée
La petite Chloé…
Il y a aussi Louis qui est amoureux
De Léonie et de Noémie
Qui toutes les deux préfèrent Valentin
Qui lui ne voit rien et qui, le coquin
En aime cent vingt à la fois !

26
Delphine
NOVEMBRE

De la soupe au chocolat

Olga, c'est la poupée de Tina. Elle fait tout comme Tina. Elle mange, elle boit, elle se lave.
– Quelle soupe va-t-on faire, Olga ? demande Tina en tenant une casserole.
– Pas de soupe, répond Olga.
– Si, répond Tina, c'est bon la soupe quand il fait froid ! Je vais faire de la soupe aux choux !
– Oh non ! Pas de soupe aux choux ! répond Olga en faisant une grosse grimace.
Fais de la soupe au chocolat…

27
Séverin
NOVEMBRE

Les délices de Réglisse

Réglisse est étonné, car depuis qu'il a reçu son nouveau livre de recettes, il se passe des choses bizarres. Timéo s'est transformé en robot après avoir goûté à son gâteau, Toucancan marche sur la tête depuis qu'il a mangé de la tarte aux cacahuètes, et Girafette parle à l'envers, depuis qu'elle a goûté au flan... Réglisse se gratte la toque, lorsqu'il entend taper à la fenêtre.
– C'est moi, Tabata, la sorcière ! Nos livres ont été échangés, je n'arrive à rien avec le tien !
Réglisse se met à rire.
– Je comprends mieux maintenant !
Avant de repartir, Tabata a dit « abracadabra », et tout est redevenu comme avant !

28
Jacques de la Marche
NOVEMBRE

La famille Zinzin

Diane et Étienne n'arrivent pas à dormir.
– Je vais vous lire une histoire, propose papa.
Diane et Étienne se glissent sous leur couette. Papa choisit un livre et s'installe à leur côté.
– Il était une fois un écureuil qui n'arrivait pas à dormir, commence-t-il.
Les jumeaux ouvrent grand leurs oreilles. Papa lit très bien les histoires.
Il bâille pour imiter l'écureuil. Diane commence à somnoler. Pour mimer la scène de l'histoire, papa ferme les yeux. Étienne ronfle tout doucement.
L'histoire est bientôt terminée et, comme le petit écureuil, papa s'endort lui aussi ! Bonne nuit !

29
Saturnin
NOVEMBRE

Le soleil est occupé !

Ce matin, le soleil ne veut pas se lever.
Il fait la grasse matinée !
Ça ne lui ressemble pas.
Qu'est-ce qui ne va pas ?
Serait-il enrhumé ?
Non ! Il est très o-ccu-pé !
Le voilà rose de bonheur,
car la lune lui a fait une fleur.
Smaaack ! Sur la joue, elle lui a déposé
un petit baiser !
Le soleil en est tout chaviré,
tout retourné !
De l'automne à la fin de l'hiver,
il cache sa lumière,
garde en lui toute sa chaleur,
couve son bonheur…
Ce matin, comme beaucoup d'autres matins,
le soleil ne se lèvera point, point, point !

30
André
NOVEMBRE

Dis papy, pourquoi ?

Parfois, à l'école, Wendy se demande si son papy va venir la chercher. C'est vrai, et si jamais il l'oubliait… ? Mais lorsque l'école est finie, son papy l'attend comme toujours à la sortie, et Wendy lui dit :

– Dis papy, pourquoi tu m'oublies jamais ?

Papy sourit :

– Tu vois, Wendy, tes parents et moi avons beaucoup de choses à penser dans la journée. Il faut aller travailler, acheter à manger, courir partout. Mais dans notre cœur, il y a toujours une petite sonnette qui nous dit : « Gring, gring, c'est bientôt l'heure d'aller chercher Wendy ! »

– Ah, c'est bien la petite sonnette ! dit Wendy, tout à fait rassurée.

1

Florence

DÉCEMBRE

Boucle d'Or

En cueillant des fleurs, Boucle d'Or se perdit dans la forêt. Soudain, elle aperçut une jolie maison. Elle frappa à la porte ; pas de réponse. Elle entra.
Dans la cuisine, elle vit trois tables : une grande, une moyenne et une petite.
La grande était trop grande, la moyenne aussi, mais la petite était à sa taille.
Elle s'y assit. De la soupe fumait dans trois bols. Celle du grand bol était trop chaude ; celle du moyen, trop salée ; celle du petit, délicieuse. Boucle d'Or l'avala d'un trait.
Puis elle monta dans la chambre où il y avait trois lits. Le grand était trop dur ; le moyen, trop mou, mais le petit était moelleux. Elle s'y coucha et s'endormit.
Bientôt, les occupants de la maison rentrèrent. C'étaient trois ours : un grand, un moyen et un petit.
– Quelqu'un est venu chez nous ! dit le grand ours.
– Il a touché à tout ! ajouta l'ours moyen.
– Il a mangé ma soupe ! pleurnicha le petit ours.
Ils montèrent dans la chambre.
– Quelqu'un est entré ici ! dit le grand ours.
– Il a touché à tout ! ajouta l'ours moyen.
– Une petite fille dort dans mon lit ! s'écria le petit ours.
Au son de leurs voix, Boucle d'Or s'éveilla. Elle prit peur, sauta du lit et se sauva.
– Bon débarras ! gronda le grand ours.
– Ne reviens pas ! ajouta l'ours moyen.
– Pour sortir de la forêt, prends le sentier à droite, cria le petit ours.
« Ce petit ours n'est pas rancunier, se dit Boucle d'Or. J'ai mangé sa soupe, dormi dans son lit, et c'est lui qui m'a indiqué le chemin du retour ! »

2
Viviane
DÉCEMBRE

Cerise et Chocolat

Cerise fait des petits sablés de Noël avec maman. Elle enfile un tablier, grimpe sur un tabouret et remue la farine et le sucre, avec la grande cuillère en bois. La farine vole. Cerise éclate de rire.

– Chocolat, tu ressembles à un bonhomme de neige !

Maman rajoute un œuf, du beurre et Cerise découpe des petits gâteaux en forme d'étoile.

– C'est bon, dit Cerise en léchant ses doigts sucrés.

Quand les petits sablés sortent du four, c'est l'heure du goûter.

Alors maman dit :

– Je connais deux petits gourmands qui vont bien se régaler...

3
Xavier
DÉCEMBRE

L'ourson Caramel

Dehors, il gèle à pierre fendre. Allongé dans sa tanière, Caramel frissonne.

Il ouvre un œil et grogne :

– Brrr ! J'ai froid ! Mes pauvres pattes sont gelées !

L'ours se lève et fait un peu de gymnastique, histoire de se réchauffer. Puis il s'emmitoufle dans sa couverture et va se recoucher. À ce moment, une marmotte entre dans la grotte.

– Qu'il fait bon ici ! couine-t-elle ravie. Oh ! Quel beau lit !

Et la coquine sans gêne s'allonge dans le lit de Caramel ! Elle se presse contre l'ours, lui donne des petits coups de fesses. Elle se tourne et se retourne. Agacé d'être ainsi dérangé, Caramel dévoile ses crocs en grognant :

– Si tu veux rester ici, tiens-toi tranquille ! Je veux dormir !

– D'accord, d'accord !... marmonne la marmotte en se blottissant contre Caramel.

Tous deux s'endorment enfin, bien au chaud l'un contre l'autre.

4
Barbara
DÉCEMBRE

La famille Zinzin

Chez les Zinzin, c'est maman le coiffeur. Elle pose un petit bol sur la tête des garçons et coupe tout ce qui dépasse. Seulement, Barnabé n'aime pas cela. Après une « coupe au bol », il n'a plus un poil sur le caillou !
– Je peux choisir mon bol ? demande-t-il un jour à maman avant qu'elle ne lui coupe les cheveux.
– Bien sûr, répond-elle.
Alors, Barnabé fouille et refouille dans la cuisine, et lorsqu'il arrive pour se faire coiffer, il sort de derrière son dos le bol qu'il a trouvé. C'est un bol énorme ! Si gros que, quand Barnabé le pose sur sa tête, aucun cheveu ne dépasse, et maman n'a rien à couper !

5
Gérald
DÉCEMBRE

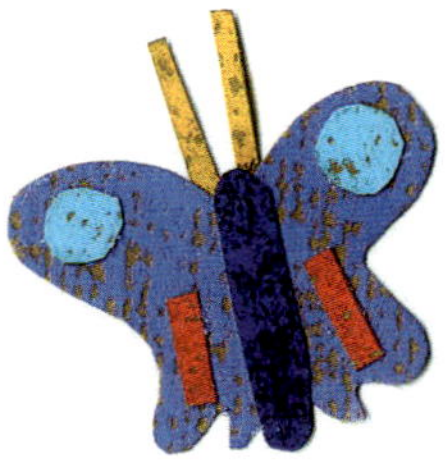

RAPLAPLA

Mon petit cœur est raplapla
Il est gris comme l'ennui
Gris gris gris…
Tiens ! Mais qu'est-ce que c'est ?
Deux petits papillons sont posés
Et ont frissonné sur mes joues
Doux doux doux.
Mais non mais non
Point de papillons…
Mais les bisous chéris
De mon amoureux joli

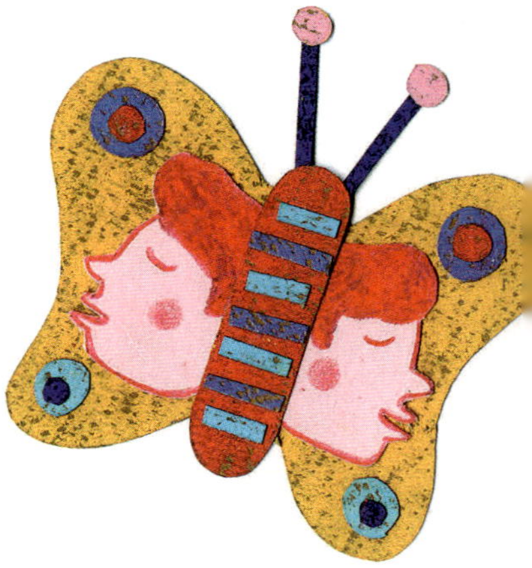

6
Nicolas
DÉCEMBRE

Les bêtises de Mariboulette et Tourlourou

– Aujourd'hui, c'est la Saint-Nicolas, dit maman. Si vous avez été sages pendant l'année, saint Nicolas viendra vous offrir un cadeau.
Si vous n'avez pas été sages, c'est le père Fouettard qui viendra vous punir !
Puis, elle retourna à ses occupations, laissant les enfants dans le salon, seuls et sans voix…

Non loin de là, saint Nicolas consultait sa carte routière. Il était perdu, dans cette ville pleine de rues. Soudain, il aperçut une silhouette glissant à la crête d'un toit. Elle se coula dans le fût d'une cheminée !
– Ben ça alors ! Faut plus se gêner !
Il relança son traîneau, puis se jeta à son tour dans la cheminée.
Son gros ventre frotta un peu les parois.
– C'est moi qui grossis ou les maisons qui rétrécissent ?
Il atterrit un peu rudement dans l'âtre. Au milieu du salon, une silhouette noyait de son ombre deux enfants terrifiés.
– N'aie pas peur, Mariboulette ! bredouillait le petit garçon.
– Ha, c'est vous que je cherche ! dit saint Nicolas.
Quand l'autre homme brandit un fouet noir, il le reconnut :
– Père Fouettard ! Qu'est-ce que tu fais là ?
– Ah, c'est toi, Nicolas ? Ben, je fais mon boulot ! Et toi ? Tu t'es encore perdu ?
– Mais ces deux petits anges n'ont rien fait de mal !
– Vous n'êtes pas Seb et Begonia ?
– Non, non ! C'est l'étage en dessous !

Quelques instants plus tard, saint Nicolas et le père Fouettard prenaient place dans le traîneau.
– Comme quoi, dans notre métier, on n'a pas le droit à l'erreur !
– Et oui…
Et tandis qu'ils montaient haut dans le ciel, le père Fouettard marmonnait :
– J'ai l'impression d'avoir oublié quelque chose, mais quoi ?

Tourlourou poursuivait sa sœur dans tout l'appartement en faisant claquer le fouet noir ! Alertée par les cris, maman entra dans le salon :
– Tourlourou ! Qu'est-ce que tu fais ? Mais où as-tu trouvé ce fouet ?
Cesse immédiatement ! Si tu continues, j'appelle le père Fouettard !

7
Ambroise
DÉCEMBRE

Les bêtises de Mariboulette et Tourlourou

– Bientôt Noël ! Le Père Noël va apporter les cadeaux par la cheminée.
– Pourquoi pas par la porte ?
– Parce que le Père Noël, c'est pas quelqu'un comme nous.
– Ça doit être rigolo de descendre par la cheminée.
– D'abord, il faut monter sur le toit !
Tourlourou alla chercher l'échelle de papa. C'est papa, d'ailleurs, qui les vit sur le toit. Juste le temps de monter, de rattraper Mariboulette qui avait déjà la tête dans la cheminée. Papa a scié l'échelle en tout petits morceaux et a bouché la cheminée. Cette année-là, le Père Noël a dû passer par la porte.

8
Immaculée Conception
DÉCEMBRE

Les délices de Réglisse

Zip est un serpent qui adorerait partir aux sports d'hiver.
Mais a-t-on déjà vu un serpent sur des skis ?
Et puis de la neige, on n'en voit pas tous les jours par ici !
– J'ai une idée ! s'exclame Réglisse. Il me faut des œufs, du sucre et mon super fouet turbo électrique !
Quelques minutes plus tard, le tour est joué : une montagne de blancs en neige apparaît !
– Ouah ! se réjouit Zip. De la neige !
– Oui, et celle-là tu peux même la manger ! précise Réglisse à son ami.

9
Pierre Fourier
DÉCEMBRE

Hänsel et Gretel

Un bûcheron avait deux enfants, Hänsel et Gretel, qu'il emmenait souvent se promener dans la forêt. Un jour, en jouant à cache-cache, les deux enfants se perdirent. Quand ils s'aperçurent qu'ils étaient tout seuls, ils se mirent à pleurer. Comme la nuit tombait, ils cherchèrent un endroit où dormir. Et que trouvèrent-ils ? Une maison en pain d'épice, si appétissante qu'ils ne purent s'empêcher d'en goûter un petit bout. Aussitôt, une sorcière apparut à la fenêtre.

– Petits garnements ! s'écria-t-elle. Je vous interdis de manger ma maison !

Et, les attrapant chacun par l'oreille, elle les enferma dans une cage. Le lendemain, elle libéra Gretel et lui ordonna de faire le ménage. Hänsel, lui, resta prisonnier, mais eut droit à un énorme repas. Les semaines passèrent. Gretel travaillait tant qu'elle devenait de plus en plus maigre, et son frère mangeait tant qu'il devenait de plus en plus gros. Quand il fut aussi dodu qu'un porcelet, la sorcière dit à Gretel :

– Allume le four, nous allons le faire cuire.

La pauvre Gretel, en larmes, fut forcée d'obéir. Mais comme la sorcière se penchait vers le four pour voir s'il était assez chaud, elle la poussa dedans… et hop ! plus de sorcière ! Gretel s'empressa de délivrer son frère, et ils rentrèrent chez eux. Imaginez la joie de leur père en les voyant ! Et puisque la sorcière était morte, ils s'installèrent tous trois dans sa maison, où ils vécurent très heureux, en mangeant du pain d'épice à tous les repas !

10
Romaric
DÉCEMBRE

Camille et Timinou

Noël approche. Il y a plein de jouets dans le grand magasin. Maman est trop pressée pour les regarder. Elle marche vite.
Soudain, Camille aperçoit une poupée magnifique. Elle s'arrête et s'approche.
– Qu'elle est belle ! Je demanderai la même au Père Noël.
Quand la petite fille se retourne, elle est entourée d'inconnus. Maman a disparu ! Camille est seule au milieu de la foule. Une grosse boule se forme dans sa gorge.
Et si maman ne revenait pas ?
Mais une voix se fait entendre :
– Tu es là ?
Camille pousse un soupir de soulagement. Elle regarde une dernière fois la poupée et attrape la main de maman. Elle ne la lâchera plus.

11
Daniel
DÉCEMBRE

Titounail l'épouvantail

Aujourd'hui, Titounail l'épouvantail a le tournis.
Ça s'agite autour de lui !
Ça gigote dans tous les coins !
Frout frout… Le hérisson va et vient,
chargé de feuilles colorées
ou d'herbes parfumées
pour se faire un nid douillet.
Hop hop… L'écureuil récolte ses noisettes
et va de cachette en cachette.
Crunch crunch… Le loir se gave de pommes.
Ils font tous un nid et des provisions
avant le grand somme.
Quelle agitation !
L'escargot ferme la porte de sa maison.
Titounail leur dit :
– Ça suffit ! Au dodo !
Je veillerai sur vous jusqu'au printemps.
Et tout le monde s'endort en un instant !

12
Chantal
DÉCEMBRE

Je serai… magicien !

– Plus tard, dit Lapin, je serai magicien. Je me promènerai dans la forêt avec ma camionnette et je proposerai mon numéro à Belette, Biche, Écureuil, Souris et aussi à toi, Escargot.
– Et qu'est-ce que tu feras disparaître ? demande Escargot.
– Quelqu'un que l'on déteste. Qui nous chasse, nous fait peur et nous mange !
– Et qui est-ce ?
– Tu ne devines pas ?
– Non, dit Escargot, penaud.
– C'est Renard, pardi ! Je l'attraperai, je le ficellerai et je l'enfermerai dans ma boîte magique !
– Mais quand tu le feras réapparaître, dit Escargot en tremblant, il se jettera sur nous et nous avalera d'un seul coup !
Lapin se frotte le menton. Il est bien embêté.
– Je n'avais pas pensé à ça ! dit-il. Bon, ben je vais changer, je ne prendrai pas Renard, c'est bien trop risqué. Qu'est-ce que tu dirais, toi, de m'aider un peu ? Je pourrais t'enfermer dans ma boîte magique et…
Mais Lapin n'a pas le temps de finir de parler qu'Escargot s'est enfui dans la forêt !

13
Lucie
DÉCEMBRE

Le petit âne noir

Un jour, un paysan vit arriver un âne dans son champ.
C'était un petit âne noir qui avait mauvaise allure : son poil était sale et son oreille droite pendait. Mais ses yeux noirs étaient si doux que le paysan eut pitié de lui. Il nourrit l'âne et lui donna à boire. Quand il le brossa, il remarqua sur le front de l'âne une tache blanche en forme d'étoile.
Il caressa cette étoile de poils et il dit à l'âne :
– Il va geler cette nuit ! Je vais te faire un lit de paille dans l'étable.
Les jours passèrent et le paysan prit l'habitude d'utiliser l'âne pour aller au marché.
Un jour, un brouillard épais lui fit perdre sa route. L'homme tourna en rond si longtemps qu'il était épuisé et gelé. Il caressa le front de l'âne.
– Nous allons mourir de froid, toi et moi…
Mais dans la nuit noire, les poils blancs se mirent à briller, aussi fort qu'une lampe.
Alors le paysan s'accrocha à l'animal, et l'âne le guida jusqu'à chez lui, comme une étoile dans la nuit.

Le Petit Poucet

Un pauvre bûcheron avait sept fils. Le plus jeune était si petit qu'on l'appelait « le Petit Poucet ».
– Nous n'avons plus de quoi nourrir nos enfants, dit un jour le bûcheron à sa femme. Demain, j'irai les perdre dans la forêt.
Mais le Petit Poucet, qui avait surpris leur conversation, remplit ses poches de cailloux blancs. Et quand leur père les amena dans la forêt, il sema les cailloux tout le long du chemin. Grâce à cette ruse, il put ramener ses frères à la maison avant la nuit. Quelques jours plus tard, leur père les abandonna à nouveau. Le Petit Poucet, qui n'avait plus de cailloux, sema des miettes de pain. Hélas, les oiseaux les mangèrent. Les sept garçons étaient bel et bien perdus ! Ils pleuraient dans le noir quand le Petit Poucet aperçut une maison. Ils frappèrent à la porte. Une femme leur ouvrit.
– Mes pauvres enfants ! s'écria-t-elle. Sauvez-vous vite ! Mon mari va rentrer, et c'est un ogre !
– Donnez-nous au moins quelque chose à manger, supplia le Petit Poucet.
Au même moment, des pas lourds ébranlèrent la forêt. La femme voulut cacher les enfants, mais trop tard ! L'ogre les avait vus.
– Ça sent la chair fraîche ! dit-il, en se léchant les babines.
– C'est le repas de demain, lui répondit sa femme. Ce soir, j'ai préparé du cassoulet.
Après le dîner, l'ogre s'assoupit. Sa femme installa les sept garçons dans un grand lit, à côté de celui où dormaient ses sept filles. Au milieu de la nuit, l'ogre eut faim. Il se leva et alla dans la chambre, avec son grand couteau. Mais il se trompa de lit et égorgea ses filles.
Pendant qu'il les mangeait, les sept garçons s'enfuirent. Et pour que l'ogre ne puisse pas les rattraper, ils prirent ses bottes de sept lieues. Ces bottes permettaient de faire de si grands pas qu'en un instant ils furent chez eux !
Et savez-vous ce que le Petit Poucet avait mis dans ses poches ? Tous les sous de l'ogre ! Et ceux-là, croyez-moi, il ne les sema pas en route. Il les donna à ses parents !

15
Ninon
DÉCEMBRE

Dis papy, pourquoi ?

Wendy adore lorsque papy lui lit des histoires. Aujourd'hui, c'est l'histoire d'un dragon qui s'appelle « Fume-jambons » et Wendy a une question :

– Papy, pourquoi les dragons crachent du feu ?

Papy se gratte le menton :

– Tout le monde croit que les dragons sont de méchantes créatures, mais c'est faux. En réalité, ils étaient très utiles dans les châteaux. Lorsque l'hiver venait, il faisait très froid dans le château du roi. Alors, on faisait appel aux dragons pour qu'ils viennent réchauffer toute la maisonnée, un peu comme de grandes cheminées !

16
Alice
DÉCEMBRE

La gazette d'Eliot et Margaux

Youpi ! Noël approche. Eliot et Margaux terminent de décorer le sapin.
Quand arrive enfin le moment d'écrire la lettre au Père Noël…
Alors autour d'un bon verre de lait et de petits gâteaux, Eliot demande à Margaux :

– Tu crois qu'on a été sages cette année ?

– Aussi souvent que possible…

– Et tu as un souhait à exaucer ?

– Euh… un seul ? Non, j'en ai plein de souhaits à exaucer !

– Et tu connais son adresse toi, au Père Noël ?

– Facile ! Dernière maison après le pôle Nord !

Allez hop ! Les lettres sont prêtes ! Mais en attendant le grand moment, Eliot et Margaux décident d'aller faire un câlin à leurs parents.
Car ils savent que c'est être ensemble le plus important !

17
Gaël
DÉCEMBRE

Une vitrine pour Joséphine

Ce matin, mamie a décidé de faire une surprise à Joséphine. Elle est venue la chercher très tôt.
– Et l'école ? Et mon petit déjeuner ? s'étonne Joséphine.
– Chuuut ! Mamie met un doigt sur sa bouche, lui enfile son manteau et l'emmène.
Sur le trottoir, elle lui demande de fermer les yeux.
Joséphine marche sans rien voir... Ça y est, mamie s'arrête et lui dit qu'elle peut voir.
Devant Joséphine, il y a une vitrine de Noël remplie de poupées animées.
Alors que tout le monde dort encore, c'est un petit spectacle pour elle !
Et ce n'est pas tout : papy est là aussi avec une table, des chaises et le petit déjeuner !

18
Gatien
DÉCEMBRE

Je serai... la Mère Noël !

Plus tard, Adèle veut être Père Noël.
– Ha ha ha ! s'esclaffe Norbert, son grand frère. Le Père Noël est un garçon, pas une fille !
– Eh bien, avec moi, ça changera ! dit Adèle.
Et elle file dans sa chambre.
Dans un vieux dessus-de-lit rouge, elle découpe une cape et un bonnet.
Puis avec des morceaux de coton, elle se fabrique un pompon.
Dans la penderie de maman, elle choisit des chaussures vermillon à talons.
Et dans la salle de bains, du rouge à lèvres carmin.
Il lui reste à choisir dans son coffre quelques jouets. Et Adèle peut s'entraîner.
Quand elle apparaît au salon, son petit frère Gaston fait des yeux tout ronds :
– Regarde, maman ! Le Père Noël !
– Non, répond Adèle. Pas le Père Noël !... La Mère Noël !

19
Urbain
DÉCEMBRE

Dis papy, pourquoi ?

Ce matin, avant d'aller à l'école, papy a dit à Wendy :
– À tout à l'heure, ma petite fée.
Alors, pendant toute la journée, Wendy se dit qu'elle est une fée.
Et elle agite sa règle comme une baguette magique :
– Je veux rentrer à la maison en volant ! Je veux un gâteau au chocolat !
Oui, mais voilà, aucun tour de magie n'a réussi. Et le soir, Wendy est en colère :
– Dis papy, pourquoi tu dis que je suis une fée, alors que c'est même pas vrai ?
Papy lui fait un gros bisou :
– Parce que lorsque je te vois, je souris jusqu'aux oreilles. C'est pas de la magie, ça ?
– Ah oui ! rit Wendy.

20
Jacob
DÉCEMBRE

La famille Zinzin

Cher Père Noël,
S'il te plaît pourrais-tu nous apporter des cadeaux à Noël ?
Voici des idées pour toute la famille :
une perceuse pour Agathe ;
une scie pour Barnabé ;
un marteau et des clous pour Célestine ;
un étau pour Diane ;
un mètre pour Félix.
Et pour moi, je veux bien une ponceuse, une scie sauteuse,
des écrous, des vis, des pinces et une clé à molette.
Comme tu peux le voir, j'aime bien les outils pour bricoler avec papa.
Je ne sais pas trop si mes frères et sœurs aiment cela aussi. Mais, ce n'est pas grave,
s'ils ne veulent pas de leur cadeau, ils n'auront qu'à me le donner !
Je t'embrasse,
Étienne Zinzin.

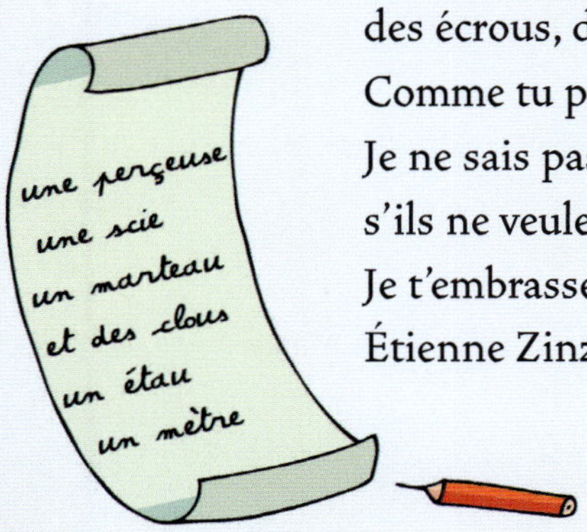

21
Hiver
DÉCEMBRE

C'EST L'HIVER !

Le jour de l'hiver

Quand l'hiver arrive, il recouvre tout de blanc.
Les arbres s'endorment pour ne se réveiller qu'au printemps.
Et la neige a construit de bien beaux toboggans.
Ce matin, Tom attrape sa luge.
– Si je sortais jouer ?
– Couvre-toi bien, dit sa maman. Ne prends pas froid !
Et hop, Tom enfile son blouson, ses bottes et ses gants.
– Mais où est donc passé mon bonnet ? C'est pourtant dans ce tiroir que je l'avais rangé !
Et Tom, dépité, rejoint le pré.

Dans la forêt, Écureuil vient de sortir de son lit. Le froid de l'hiver a ouvert son appétit. Il a hâte de grignoter sa petite réserve de l'été !
– Mais… où sont donc passées mes noisettes ? s'exclame-t-il en se grattant la tête.
Elles ne sont plus dans leur cachette !
Et Écureuil, dépité, rejoint le pré.

Dans son terrier, Lapin vient de se réveiller. Un bon petit déjeuner et il sera sur pied !
– Mais où sont donc passées mes carottes ? Je les avais cachées dans ce trou.
Et je ne vois plus rien du tout !
Et Lapin, dépité, rejoint le pré.
Dans sa maison, Petite Sorcière a ouvert les yeux.
– Youpi ! De la neige ! Je vais enfourcher mon balai et aller me promener…
Mais où est-il passé ? Ma parole, on me l'a volé !
Et la Petite Sorcière, en colère, rejoint la clairière.
Dehors, la neige forme un beau tapis dans la prairie.
– Regardez ce que j'ai trouvé ! crie Tom. Un bonhomme de neige !
Un bonhomme de neige avec :
– un bonnet sur la tête,
– un balai dans la main,
– deux noisettes pour les yeux,
– et une carotte pour le nez…

Ce bonhomme de neige, quel coquin !
– Au voleur ! crie Écureuil.
– Mon garde-manger ! crie Lapin.
– Mon balai ! crie Petite Sorcière.
Pauvre petit bonhomme de neige ! Il a l'air si dépité que tous lui sautent dessus… pour l'embrasser ! Vive les amis du grand pré !
Maintenant, ils vont s'amuser… toute la journée !

22
François-Xavier
DÉCEMBRE

Cerise et Chocolat

Aujourd'hui, Cerise décore le sapin de Noël ! Elle ouvre la boîte des décorations et s'écrie :
– Oh ! C'est beau !
Elle prend la grande guirlande argentée et l'enroule autour du cou de Chocolat.
Papa dit : – Voyons ! Ce n'est pas un collier !
Cerise prend les boules, mais maman crie :
– Attention ! Elles sont très fragiles !
Cerise fait un peu la tête :
– Ce n'est pas drôle ! Je ne peux rien faire...
Papa essaie d'accrocher l'étoile sur la plus haute branche...
Mais il n'est pas assez grand ! Alors Cerise grimpe sur ses épaules et réussit.
Cette fois-ci papa, maman et Chocolat applaudissent :
– Vive Cerise !

23
Armand
DÉCEMBRE

L'ourson Caramel

Dehors, il fait nuit noire... Un vent glacial emporte les flocons de neige de-ci de-là...
Niché au fond de sa tanière, Caramel dort à pattes fermées.
Soudain, on entend des bruits de pas : tap tap tap ! Quelqu'un entre dans la tanière...
C'est le Père Noël !
– Voilà un petit ourson bien sage, murmure-t-il attendri. Il mérite un beau cadeau.
Il fouille dans sa hotte et choisit un paquet, qu'il dépose doucement.
– Tu le découvriras à ton réveil, au printemps... Dors bien petit ours !
Et le Père Noël s'en va, discrètement dans la nuit...

24
Adèle
DÉCEMBRE

Joris et le sapin blanc

– J'ai une surprise pour vous ! s'exclame papa en ouvrant un grand carton.
– Un sapin blanc ! crie gaiement maman.
– Un sapin ? s'étonne Joris. Mais il est en plastique !
– Il durera plus longtemps, réplique papa.
– Bravo, affirme maman. J'en avais assez de balayer les aiguilles.
Une fois branché, le sapin tourne sur lui-même en jouant de la musique. Ses branches clignotent. Pourtant, Joris est déçu. Maman remarque sa tristesse :
– Ça ne va pas ?
– Le Père Noël détestera ce sapin. As-tu envie qu'on remplace tes jolies fleurs par des fausses en plastique ?
– Le Père Noël n'aime pas qu'on tue les arbres.
– Le nôtre était dans un pot l'année dernière. On l'a replanté après les fêtes. Et puis…
– Et puis quoi ? demande papa.
– Ton sapin ne sent pas bon !
Papa éclate de rire.
Cette nuit, le Père Noël apportera les cadeaux. Malgré ses efforts, Joris ne s'habitue pas au sapin. Mais quelqu'un frappe à la porte. C'est les parents de papa. Mamie pousse un cri horrifié :
– Beurk !
Papa se défend :
– Ce sapin est magnifique…
Mamie ne l'écoute pas :
– Vite !
Elle entraîne Joris dans la voiture. Dix minutes plus tard, ils se garent sur le parking d'un hypermarché.
– J'espère qu'il en restera quelques-uns, grogne mamie.
Le nouveau sapin sent très bon. Joris accroche lui-même les boules et les guirlandes. Il grimpe sur un escabeau pour placer l'étoile dorée.
Dès qu'il a terminé, il court prendre ses bottes dans le placard. Demain matin, en se réveillant, elles seront remplies de cadeaux. Grâce à mamie, ce Noël sera le plus beau de sa vie !

25
Noël
DÉCEMBRE

Si j'étais le Père Noël…

Si j'étais le Père Noël, je raserais ma barbe blanche et je mettrais
une casquette pour changer un peu de tête.
Si j'étais le Père Noël, j'échangerais mon manteau rouge
contre un beau blouson gris pour me fondre dans la nuit.
Si j'étais le Père Noël, j'arrêterais les pommes de terre,
pour perdre mon petit bidon et sautiller, comme une gazelle, entre les maisons !
Si j'étais le Père Noël, je jetterais mon vieux traîneau,
j'achèterais un hélicoptère pour descendre plus vite sur Terre.
Si j'étais le Père Noël, j'emmènerais dans ma tournée mon fils Léo,
ma fille Vanille, tata Lola et tonton Barnabé, et avec eux,
je partagerais tous les gâteaux au lait sucré.
Si j'étais le Père Noël, j'offrirais de beaux paquets aux papas,
aux mamans, aux mamies, aux pépés !
Si j'étais le Père Noël, j'offrirais aussi des cadeaux aux crocodiles,
aux araignées, aux serpents et aux escargots.
Si j'étais le Père Noël, je n'oublierais jamais personne,
ni les sorcières ni les sorciers, ni les vampires, ni les gloutonnes.
Si j'étais le Père Noël, je me dépêcherais de distribuer les jouets par milliers…
pour vite retrouver… mon lit douillet… et mon émission de télé préférée !
Si j'étais le Père Noël, je voudrais que tout le monde le sache,
que tout le monde me reconnaisse, je signerais des autographes.
Mais je ne suis pas le Père Noël et c'est la meilleure des nouvelles,
barbe blanche et manteau rouge, c'est aussi bien quand rien ne bouge !

26
Étienne
DÉCEMBRE

Camille et Timinou

La voisine de Camille s'appelle Irène. Elle est très grande, très maigre, et s'habille toujours en noir. Camille a peur d'elle sans comprendre pourquoi. Cette nuit, elle a entendu des bruits chez sa voisine. Des claquements et des craquements effrayants. Il y a aussi eu des hurlements. C'était terrible !
Au petit déjeuner, Camille dit à maman :
– Irène est une sorcière.
Maman sourit.
– Elle a reçu ses amies, insiste Camille. Je les ai entendues faire la fête et remplir leurs chaudrons.
Maman éclate de rire. Elle dit :
– Depuis hier, Irène a un petit chien tout fou. C'est lui qui a couru et pleuré dans le jardin !

27
Fabiola
DÉCEMBRE

Les bêtises de Mariboulette et Tourlourou

Mariboulette et Tourlourou voulaient être des grandes personnes. Ici et maintenant ! C'est trop long de grandir.
– Qu'est-ce que ça fait, les grandes personnes ?
– Ça boit du vin.
Ils trouvèrent dans la cuisine une bouteille de très bon vin, déjà entamée, facile à ouvrir. Mais ils le trouvèrent très mauvais.
– On est obligé de boire ce truc à tous les repas, quand on est adulte ?
– Beuark ! C'est horrible, la vie d'adulte !
Ils se sentaient tout bizarres. Puis, ils eurent mal à la tête. Puis ils furent très malades. Puis, ils décidèrent de ne jamais, jamais, jamais devenir adultes.

28
Gaspard
DÉCEMBRE

BISOUS GLACÉS

Pieds en frissons,
Chocolats chauds, doigts en glaçons…
Cachons-nous sous l'édredon.
Nez gelés,
Joues rouges et marrons glacés,
Cachons-nous sous les bonnets.
Peu importe la saison,
Un bisou en secret c'est délicieux,
Un bisou en cachette c'est encore mieux,
Un bécot sous les cache-nez c'est rigolo.

29
David
DÉCEMBRE

Titounail l'épouvantail

Titounail l'épouvantail aime l'automne
et toutes ses feuilles qui tourbillonnent !
Rouge, jaune, marron, orangé…
Arsène, le petit chêne, est tout coloré !
Le vent doux caresse et fait frissonner…
Moment de bonheur à savourer…
Mais un jour, voilà que la bise se met à souffler,
souffler sans s'arrêter.
Menaçante,
sifflante,
hurlante…
elle souffle si fort que Titounail prend froid,
même s'il est fait de bois !
Atcha-cha, atcha-chaaa !
Titounail a éternué ;
toutes les feuilles d'Arsène sont alors tombées ;
le petit arbre est nu et dépouillé ;
l'hiver est arrivé !…

30
Roger
DÉCEMBRE

Les délices de Réglisse

Pour le réveillon, Réglisse est nommé
« Cuisinier en chef du Père Noël ».
Mais voilà, le Père Noël est un peu déprimé cette année.
– J'ai froid et j'ai envie de soleil ! confie-t-il à Réglisse.
« Ce n'est pas le moment de cuisiner une bûche glacée »
pense le ouistiti.
Réglisse a une idée : il prépare des îles flottantes
avec une crème au caramel.
Sur les îles, il pique des parasols arc-en-ciel !
Le Père Noël applaudit.
– J'ai l'impression d'être en vacances ! Comment puis-je te remercier ?
Réglisse lui chuchote quelques mots à l'oreille...
Cette année, ne soyez pas étonnés si vous voyez un petit ouistiti
sur le traîneau du Père Noël !

31
Sylvestre
DÉCEMBRE

Les bêtises de Mariboulette et Tourlourou

Ce jour-là, 31e du mois de décembre, Mariboulette se leva de fort bonne humeur. Mariboulette était toujours de bonne humeur le 31 décembre. Elle bondit hors de son lit et réveilla Tourlourou en le secouant très fort :

– Tourlourou ! Ça y est ! Nous sommes le 31 décembre ! Tu te souviens de ce qui va se passer ce soir ?
– Mrouaiiiis… On va faire la fête pour le réveillon du jour de l'an, et tous les invités de maman et papa vont nous faire la bise à minuit pile en criant « Bonne année ! Bonne santé ! ».

Mariboulette n'aima pas du tout cette réponse :
– Qu'est-ce que tu racontes ? N'importe quoi !
Elle courut dans le jardin. Elle venait d'apercevoir Marek, le copain de Tourlourou. Elle l'interpella :
– Hé ! Marek ! Tu sais quoi ? Aujourd'hui, c'est le 31 décembre ! Et tu sais ce qui se passe, le soir du 31 décembre ?
– Ben ouais ! On fait la fête, et puis, à minuit pile, tout le monde se fait des bises en criant « Bonne année ! bonne san… ».
– Mais qu'est-ce que tu racontes ? Mais pas du tout !
Elle se sauva, furieuse.
Le soir venu, le réveillon battait son plein quand sonnèrent les douze coups de minuit. Tout le monde s'embrassa en criant :
– Bonne année ! Bonne santé !
Mariboulette, à l'écart, les regardait tous, l'air pas contente.
Alors, papa et maman s'approchèrent, les bras chargés de cadeaux.
Ils l'embrassèrent joyeusement :
– Bon anniversaire, Mariboulette !
Car voilà : Mariboulette était née un premier janvier, à minuit pile ! Oui.
– Faut pas être n'importe qui ! dit-elle en narguant Tourlourou qui était né un 13 mars, comme tout le monde.

Cerise et Chocolat

24 histoires
Textes : Karine-Marie Amiot
Illustrations : Marie Margo

- 1er janvier
- 29 janvier
- 10 février
- 25 février
- 1er mars
- 14 mars
- 2 avril
- 25 avril
- 2 mai
- 18 mai
- 1er juin
- 23 juin
- 1er juillet
- 13 juillet
- 2 août
- 24 août
- 3 septembre
- 19 septembre
- 2 octobre
- 22 octobre
- 1er novembre
- 15 novembre
- 2 décembre
- 22 décembre

Mariboulette et Tourlourou

27 histoires
Textes : Yann Autret
Illustrations : Maëlle Cheval

- 2 janvier
- 24 janvier
- 5 février
- 17 février
- 4 mars
- 19 mars
- 7 avril
- 17 avril
- 4 mai
- 25 mai
- 4 juin
- 16 juin
- 7 juillet
- 14 juillet
- 27 juillet
- 7 août
- 29 août
- 2 septembre
- 14 septembre
- 8 octobre
- 30 octobre
- 3 novembre
- 20 novembre
- 6 décembre
- 7 décembre
- 27 décembre
- 31 décembre

L'ourson Caramel

26 histoires
Textes : Delphine Bolin
Illustrations : Maud Legrand

- 4 janvier
- 16 janvier
- 4 février
- 21 février
- 20 mars
- 26 mars
- 27 mars
- 6 avril
- 29 avril
- 1er mai
- 20 mai
- 28 mai
- 10 juin
- 24 juin
- 4 juillet
- 28 juillet
- 15 août
- 26 août
- 1er septembre
- 28 septembre
- 9 octobre
- 17 octobre
- 6 novembre
- 23 novembre
- 3 décembre
- 23 décembre

Titounail l'épouvantail

24 histoires
Textes : Sylvie Poillevé
Illustrations : Lucie Georger

5 JANVIER
14 JANVIER
11 FÉVRIER
24 FÉVRIER
8 MARS
13 MARS
10 AVRIL
28 AVRIL
3 MAI
11 MAI
7 JUIN
27 JUIN
9 JUILLET
31 JUILLET
5 AOÛT
22 AOÛT
7 SEPTEMBRE
16 SEPTEMBRE
3 OCTOBRE
26 OCTOBRE
4 NOVEMBRE
29 NOVEMBRE
11 DÉCEMBRE
29 DÉCEMBRE

Les délices de Réglisse

27 histoires
Textes : Rozenn Follio-Vrel
Illustrations : Rozenn Follio-Vrel

6 JANVIER
19 JANVIER
31 JANVIER
2 FÉVRIER
16 FÉVRIER
27 FÉVRIER
18 MARS
31 MARS
4 AVRIL
9 AVRIL
27 AVRIL
8 MAI
24 MAI
11 JUIN
28 JUIN
16 JUILLET
20 JUILLET
13 AOÛT
18 AOÛT
11 SEPTEMBRE
29 SEPTEMBRE
14 OCTOBRE
21 OCTOBRE
12 NOVEMBRE
27 NOVEMBRE
8 DÉCEMBRE
30 DÉCEMBRE

La famille Zinzin

27 histoires
Textes : Sophie de Mullenheim
Illustrations : Matthieu Marcola

7 JANVIER
8 JANVIER
12 FÉVRIER
20 FÉVRIER
10 MARS
16 MARS
1er AVRIL
12 AVRIL
21 AVRIL
14 MAI
23 MAI
30 MAI
14 JUIN
20 JUIN
21 JUIN
10 JUILLET
17 JUILLET
19 AOÛT
30 AOÛT
4 SEPTEMBRE
25 SEPTEMBRE
13 OCTOBRE
20 OCTOBRE
11 NOVEMBRE
28 NOVEMBRE
4 DÉCEMBRE
20 DÉCEMBRE

Quand je serai grand...

24 histoires
Textes : Agnès de Lestrade
Illustrations : Juliette Boulard

- 9 JANVIER
- 23 JANVIER
- 13 FÉVRIER
- 28 FÉVRIER
- 11 MARS
- 24 MARS
- 3 AVRIL
- 18 AVRIL
- 7 MAI
- 26 MAI
- 2 JUIN
- 15 JUIN
- 8 JUILLET
- 23 JUILLET
- 3 AOÛT
- 14 AOÛT
- 10 SEPTEMBRE
- 24 SEPTEMBRE
- 7 OCTOBRE
- 29 OCTOBRE
- 9 NOVEMBRE
- 14 NOVEMBRE
- 12 DÉCEMBRE
- 18 DÉCEMBRE

Comptines d'amoureux

25 histoires
Textes : Élisabeth Coudol
Illustrations : Marie Malher

- 11 JANVIER
- 17 JANVIER
- 15 FÉVRIER
- 18 FÉVRIER
- 21 MARS
- 28 MARS
- 14 AVRIL
- 23 AVRIL
- 17 MAI
- 29 MAI
- 5 JUIN
- 18 JUIN
- 6 JUILLET
- 24 JUILLET
- 8 AOÛT
- 28 AOÛT
- 21 SEPTEMBRE
- 26 SEPTEMBRE
- 10 OCTOBRE
- 19 OCTOBRE
- 28 OCTOBRE
- 18 NOVEMBRE
- 25 NOVEMBRE
- 5 DÉCEMBRE
- 28 DÉCEMBRE

Dis papy, pourquoi ?

25 histoires
Textes : Catherine Kalengula
Illustrations : Aurore Petit

- 13 JANVIER
- 26 JANVIER
- 19 FÉVRIER
- 22 FÉVRIER
- 5 MARS
- 12 MARS
- 5 AVRIL
- 15 AVRIL
- 15 MAI
- 22 MAI
- 3 JUIN
- 13 JUIN
- 11 JUILLET
- 26 JUILLET
- 9 AOÛT
- 25 AOÛT
- 15 SEPTEMBRE
- 30 SEPTEMBRE
- 11 OCTOBRE
- 18 OCTOBRE
- 31 OCTOBRE
- 2 NOVEMBRE
- 30 NOVEMBRE
- 15 DÉCEMBRE
- 19 DÉCEMBRE

Camille et Timinou

24 histoires
Textes : Marc Séassau
Illustrations : Marion Girerd

15 JANVIER
30 JANVIER
3 FÉVRIER
8 FÉVRIER
6 MARS
17 MARS
24 AVRIL
30 AVRIL
12 MAI
27 MAI
6 JUIN
25 JUIN
15 JUILLET
25 JUILLET
12 AOÛT
31 AOÛT
12 SEPTEMBRE
22 SEPTEMBRE
5 OCTOBRE
16 OCTOBRE
8 NOVEMBRE
22 NOVEMBRE
10 DÉCEMBRE
26 DÉCEMBRE

Contes classiques

26 histoires
Textes : Gudule
Illustrations : Magali Attiogbé

21 JANVIER
1er FÉVRIER
9 FÉVRIER
9 MARS
11 AVRIL
20 AVRIL
10 MAI
21 MAI
9 JUIN
5 JUILLET
19 JUILLET
1er AOÛT
23 AOÛT
8 SEPTEMBRE
13 SEPTEMBRE
1er OCTOBRE
6 OCTOBRE
15 OCTOBRE
24 OCTOBRE
5 NOVEMBRE
10 NOVEMBRE
19 NOVEMBRE
24 NOVEMBRE
1er DÉCEMBRE
9 DÉCEMBRE
14 DÉCEMBRE

Eliot et Margaux

12 histoires
Textes : Pascal Brissy
Illustrations : Caroline Dall' Ava

25 JANVIER
7 FÉVRIER
2 MARS
16 AVRIL
19 MAI
19 JUIN
30 JUILLET
21 AOÛT
6 SEPTEMBRE
25 OCTOBRE
17 NOVEMBRE
16 DÉCEMBRE

71 histoires

3 JANVIER
Texte : Kochka
Illustrations : Véronique Vernette

10 JANVIER
Texte : Agnès Bertron-Martin
Illustrations : Sandrine Revel

12 JANVIER
Texte : Kochka
Illustrations : Véronique Vernette

18 JANVIER
Texte : Rozenn Follio-Vrel
Illustrations : Rozenn Follio-Vrel

20 JANVIER
Texte : Agnès Bertron-Martin
Illustrations : Sandrine Revel

22 JANVIER
Texte : Kochka
Illustrations : Véronique Vernette

27 JANVIER
Texte : Kochka
Illustrations : Véronique Vernette

28 JANVIER
Texte : Agnès Bertron-Martin
Illustrations : Sandrine Revel

6 FÉVRIER
Texte : Rozenn Follio-Vrel
Illustrations : Rozenn Follio-Vrel

14 FÉVRIER
Texte : Kochka
Illustrations : Véronique Vernette

23 FÉVRIER
Texte : Agnès Bertron-Martin
Illustrations : Sandrine Revel

26 FÉVRIER
Texte : Agnès Bertron-Martin
Illustrations : Sandrine Revel

3 MARS
Texte : Kochka
Illustrations : Véronique Vernette

22 MARS
Texte : Agnès Bertron-Martin
Illustrations : Sandrine Revel

23 MARS
Texte : Agnès Bertron-Martin
Illustrations : Sandrine Revel

25 MARS
Texte : Agnès Bertron-Martin
Illustrations : Sandrine Revel

29 MARS
Texte : Delphine Bolin
Illustrations : Sandrine Revel

30 MARS
Texte : Kochka
Illustrations : Véronique Vernette

8 AVRIL
Texte : Rozenn Follio-Vrel
Illustrations : Rozenn Follio-Vrel

13 AVRIL
Texte : Rozenn Follio-Vrel
Illustrations : Rozenn Follio-Vrel

19 AVRIL
Texte : Rozenn Follio-Vrel
Illustrations : Rozenn Follio-Vrel

22 AVRIL
Texte : Rozenn Follio-Vrel
Illustrations : Rozenn Follio-Vrel

26 AVRIL
Texte : Rozenn Follio-Vrel
Illustrations : Rozenn Follio-Vrel

5 MAI
Texte : Rozenn Follio-Vrel
Illustrations : Rozenn Follio-Vrel

6 MAI
Texte : Agnès Bertron-Martin
Illustrations : Sandrine Revel

9 MAI
Texte : Kochka
Illustrations : Véronique Vernette

13 MAI
Texte : Agnès Bertron-Martin
Illustrations : Sandrine Revel

16 MAI
Texte : Kochka
Illustrations : Véronique Vernette

31 MAI
Texte : Kochka
Illustrations : Véronique Vernette

8 JUIN
Texte : Agnès Bertron-Martin
Illustrations : Sandrine Revel

12 JUIN
Texte : Agnès Bertron-Martin
Illustrations : Sandrine Revel

17 JUIN
Texte : Agnès Bertron-Martin
Illustrations : Sandrine Revel

22 JUIN
Texte : Agnès Bertron-Martin
Illustrations : Sandrine Revel

26 JUIN
Texte : Agnès Bertron-Martin
Illustrations : Sandrine Revel

29 JUIN
Texte : Agnès Bertron-Martin
Illustrations : Sandrine Revel

30 JUIN
Texte : Kochka
Illustrations : Véronique Vernette

2 JUILLET
Texte : Kochka
Illustrations : Véronique Vernette

3 JUILLET
Texte : Kochka
Illustrations : Véronique Vernette

12 JUILLET
Texte : Agnès Bertron-Martin
Illustrations : Sandrine Revel

18 JUILLET
Texte : Kochka
Illustrations : Véronique Vernette

21 JUILLET
Texte : Kochka
Illustrations : Véronique Vernette

22 JUILLET
Texte : Agnès Bertron-Martin
Illustrations : Sandrine Revel

29 JUILLET
Texte : Kochka
Illustrations : Véronique Vernette

4 AOÛT
Texte : Agnès Bertron-Martin
Illustrations : Sandrine Revel

6 AOÛT
Texte : Kochka
Illustrations : Véronique Vernette

10 AOÛT
Texte : Marc Séassau
Illustrations : Sandrine Revel

11 AOÛT
Texte : Agnès Bertron-Martin
Illustrations : Sandrine Revel

16 AOÛT
Texte : Agnès Bertron-Martin
Illustrations : Sandrine Revel

17 AOÛT
Texte : Agnès Bertron-Martin
Illustrations : Sandrine Revel

27 AOÛT
Texte : Agnès Bertron-Martin
Illustrations : Sandrine Revel

5 SEPTEMBRE
Texte : Kochka
Illustrations : Véronique Vernette

9 SEPTEMBRE
Texte : Agnès Bertron-Martin
Illustrations : Sandrine Revel

17 SEPTEMBRE
Texte : Kochka
Illustrations : Véronique Vernette

18 SEPTEMBRE
Texte : Kochka
Illustrations : Véronique Vernette

20 SEPTEMBRE
Texte : Marc Séassau
Illustrations : Véronique Vernette

23 SEPTEMBRE
Texte : Kochka
Illustrations : Véronique Vernette

27 SEPTEMBRE
Texte : Agnès Bertron-Martin
Illustrations : Sandrine Revel

4 OCTOBRE
Texte : Agnès Bertron-Martin
Illustrations : Sandrine Revel

12 OCTOBRE
Texte : Kochka
Illustrations : Véronique Vernette

23 OCTOBRE
Texte : Kochka
Illustrations : Véronique Vernette

27 OCTOBRE
Texte : Agnès Bertron-Martin
Illustrations : Sandrine Revel

07 NOVEMBRE
Texte : Kochka
Illustrations : Véronique Vernette

13 NOVEMBRE
Texte : Agnès Bertron-Martin
Illustrations : Sandrine Revel

16 NOVEMBRE
Texte : Kochka
Illustrations : Véronique Vernette

21 NOVEMBRE
Texte : Kochka
Illustrations : Véronique Vernette

26 NOVEMBRE
Texte : Kochka
Illustrations : Véronique Vernette

13 DÉCEMBRE
Texte : Agnès Bertron-Martin
Illustrations : Sandrine Revel

17 DÉCEMBRE
Texte : Kochka
Illustrations : Véronique Vernette

21 DÉCEMBRE
Texte : Agnès de Lestrade
Illustrations : Sandrine Revel

24 DÉCEMBRE
Texte : Marc Séassau
Illustrations : Véronique Vernette

25 DÉCEMBRE
Texte : Agnès de Lestrade
Illustrations : Sandrine Revel

365 jours pour grandir !

Ton **anniversaire**, celui de tes parents, de tes frères et sœurs, la **rentrée des classes**, les **vacances** chez papy et mamie… Autant de **dates importantes** à noter vite dans ton **calendrier**, pour ne **rien oublier** !

JANVIER	FÉVRIER	MARS
1	1	1
2	2	2
3	3	3
4	4	4
5	5	5
6	6	6
7	7	7
8	8	8
9	9	9
10	10	10
11	11	11
12	12	12
13	13	13
14	14	14
15	15	15
16	16	16
17	17	17
18	18	18
19	19	19
20	20	20
21	21	21
22	22	22
23	23	23
24	24	24
25	25	25
26	26	26
27	27	27
28	28	28
29	29	29
30		30
31		31

AVRIL	MAI	JUIN
1	1	1
2	2	2
3	3	3
4	4	4
5	5	5
6	6	6
7	7	7
8	8	8
9	9	9
10	10	10
11	11	11
12	12	12
13	13	13
14	14	14
15	15	15
16	16	16
17	17	17
18	18	18
19	19	19
20	20	20
21	21	21
22	22	22
23	23	23
24	24	24
25	25	25
26	26	26
27	27	27
28	28	28
29	29	29
30	30	30
	31	

JUILLET	AOÛT	SEPTEMBRE
1	1	1
2	2	2
3	3	3
4	4	4
5	5	5
6	6	6
7	7	7
8	8	8
9	9	9
10	10	10
11	11	11
12	12	12
13	13	13
14	14	14
15	15	15
16	16	16
17	17	17
18	18	18
19	19	19
20	20	20
21	21	21
22	22	22
23	23	23
24	24	24
25	25	25
26	26	26
27	27	27
28	28	28
29	29	29
30	30	30
31	31	

OCTOBRE	NOVEMBRE	DÉCEMBRE
1	1	1
2	2	2
3	3	3
4	4	4
5	5	5
6	6	6
7	7	7
8	8	8
9	9	9
10	10	10
11	11	11
12	12	12
13	13	13
14	14	14
15	15	15
16	16	16
17	17	17
18	18	18
19	19	19
20	20	20
21	21	21
22	22	22
23	23	23
24	24	24
25	25	25
26	26	26
27	27	27
28	28	28
29	29	29
30	30	30
31		31